KB022339

인생의 태도

인생의 태도

행복한 이기주의자로
평생 살아보니 알게 된 것들

웨인 다이어 지음 | 이한이 옮김

더퀘스트

이 책을 읽기 전에

"대상을 바라보는 방식을 바꾸면 그 대상이 변화합니다."

웨인 다이어 박사가 평소에 자주 하던 말입니다. 바로 이 말이 계기가 되어 이 책이 나오게 되었습니다. 이 책은 그가 가장 중요하게 생각하던 주제들을 씨줄과 날줄 삼아 엮은 것입니다.

제1부는 우리의 태도, 선택, 기대가 인생에 미치는 영향에 대한 이야기입니다. 우리는 인생의 모든 순간에 '어떻게 반응할지' 스스로 선택할 수 있다는 것을, 그리하여 모든 일이 자기 자신에게 달려 있다는 사실을 전하려 합니다.

제2부는 성공이라는 개념에 대해 보다 깊이 파고듭니다. 오늘

날 우리 사회에서 '성공'이라는 개념이 얼마나 좁은 의미로 사용되고 있는지 설명하고, 우리가 어떤 상황에 놓여 있든지 자신이 생각한 것보다 훨씬 더 큰 성공을 이룰 수 있음을 알려줍니다.

제3부에서는 소명의 중요성을 강조합니다. 몇 가지 중요한 질문을 통해 우리가 꿈꾸는 삶을 위한 계획을 세워나가는 방법을 알아볼 것입니다.

특별히 이 책을 읽는 동안 일기를 써볼 것을 추천합니다. 행복한 인생을 위한 아이디어들이 생각날 때마다 적어둔다면 나중에 언제고 살펴볼 수 있습니다. 각 장의 말미에는 그 장에서 다룬 메시지를 마음에 새길 수 있도록 일기로 쓸 질문들이 담겨 있는데요. 실제로 직접 써본다면 웨인의 말마따나 '창조적이고, 건강하고, 행복하게 사는 완전히 새로운 방식'을 습득할 수 있을 겁니다.

웨인은 사람들과 대화하기를 무척이나 좋아했습니다. 그는 자신의 강연에 참석한 수많은 청중들, 그리고 집 근처를 산책하다 마주친 모든 사람들과 대화를 나누었죠. 그는 정직하고, 현명하고, 유쾌하고, 애정이 넘쳤습니다. 자신이 말하고자 하는 생각들을 일상적이면서도 통찰력 있는 언어로 표현할 줄 알았죠.

웨인은 자신의 생각 대부분을 사람들에게서 얻는다고 말했습니다.

"우리가 만나는 사람들 모두가 각자 한 권의 소설입니다."

그는 자신이 깨달은 바를 사람들에게 전하는 것만큼이나 사람들에게 많은 깨달음을 얻는다는 사실을 알았습니다. 그리고 누구나 위대해질 수 있는 씨앗을 품고 있다고 믿었습니다.

이 책이 우리가 원하는 것을 얻게 해줄 마법의 묘약은 아닙니다. 우리가 바라는 것, 필요한 것은 모두 우리 안에 이미 있습니다. 생각하는 방식을 바꾼다면 얼마든지 얻을 수 있죠. 현재 처한 상황이 어떻든지 우리는 극복할 힘을 가지고 있습니다.

"행복은 삶의 어떤 목표나 도달해야 할 목적지가 아닙니다. 다만 나아가는 여정입니다. 좋은 관점과 애정을 가지고 한 걸음 한 걸음씩 나아가는 자세에 달려 있습니다."

웨인의 말처럼 사물을 바라보는 방식을 바꾸고 그 길을 따라 계속 나아간다면 마침내 알게 되는 것이 있을 겁니다. 웨인이 무척이나 그립습니다. 이제 그는 없지만 그의 말들은 여전히 살아서 우리의 삶에 영감을 불어넣고, 마음을 편안하게 해주고, 우리를 즐겁게 해주고 있습니다.* 이 책이 당신에게도 그러하길 바랍니다.

헤이하우스 편집부

* 웨인 다이어는 2015년 사망했고 그의 강연 중 특별히 많은 이들에게 사랑 받았던 내용을 정리해 이 책으로 펴냈다.

시작하며

아인슈타인은 이런 말을 했습니다.

"인생에서 할 수 있는 가장 근본적이고 중요한 결정은 내가 살고 있는 세상이 나에게 우호적이라고 믿을 것인지, 아니면 적대적이라고 믿을 것인지에 관한 것입니다."

지금 어느 세상에 살고 있습니까? 적대감과 분노로 가득한 세계, 서로를 미워하고 죽이고 싶어하는 사람들로 가득한 세계인가요? 아니면 다정함과 배려로 가득한 세계, 나를 도와주고 지지

하는 사람들로 가득한 세계인가요? 여러분의 삶은 세상을 바라보는 그대로, 그렇게 만들어질 것입니다. 위대한 과학자의 말을 통해 우리가 깨달아야 할 점은 사물을 보는 방식을 바꾸면 보는 대상도 바뀐다는 것입니다.

어떤 문제가 있을 때 우리는 그 해결책을 늘 외부에서 찾으려고 합니다. 외부의 어떤 장소, 마치 병원에 가서 의사에게 증상을 이야기하면 의사가 이런 식으로 처방전을 쓰기 시작하는 것과 같습니다.

"이 증상에 대한 처방전이 필요하고, 저 증상에 대한 처방전이 필요하고…."

의사가 처방전을 다 쓰면 우리는 얼른 그것을 달라고 하지요. 하지만 의사는 이렇게 말합니다.

"아니오, 아니오. 이것은 당신의 아버지에게 줄 것이고, 이것은 당신의 어머니에게, 그리고 저것은 당신의 딸에게, 마지막으로 남은 것은 당신의 이웃에게 줄 것입니다."

어려움을 겪고 있는 사람은 바로 나 자신인데 처방전은 엄한 타인에게로 향하네요. 가슴에 손을 얹고 가만히 생각해보세요. 내 삶을 제대로 살기 위해서 무엇이 변해야 할까요? 외부의 무언가가 나아지기를 기대하거나 다른 사람이 변해야 할까요? 아니요. 진정으로 변해야 하는 것은 여기, 당신 안에 있습니다.

언젠가 마약 중독자와 알코올 중독자들 모임에 갔는데, 벽에 이런 문구가 적혀 있었습니다.

'이 그룹에는 정당한 분노가 없습니다.'

그날 밤 제가 그 모임에서 한 말은 이렇습니다.

"여기서 누가 여러분에게 무슨 말을 하든, 어떤 종류의 분노가 여러분을 향하든, 여러분의 삶에서 아무리 많은 증오가 나타나더라도 정당한 분노는 없습니다. 저는 여러분이 돈을 빌려줬는데 갚지 않은 사람에 대해 이야기하고 있는 것입니다. 여러분의 인생을 학대했다고 느끼는 사람에 대해 이야기하는 것입니다. 다른 사람을 위해 당신을 버리고 떠난 사람에 대해 이야기하는 것입니다. 저는 여러분이 마음속과 삶에서 정당화했던 모든 것들에 대해 원망할 권리가 있지만, 그러한 원망은 결국 여러분에게 해를 끼치고 절망감을 불러일으킬 것이라는 점을 말씀드리고 싶습니다.

뱀에 물린다고 다 죽을까요? 뱀에게 물린 그 상황을 되돌릴 수는 없습니다. 한 번 물린 것은 물린 것이죠. 그런데 당신을 죽음에 이르게 하는 것은 뱀에게 물렸다는 사실 그 자체가 아니라 물린 후에 계속 몸속으로 퍼져나가는 독 때문입니다. 독을 빼내면 당신은 살 수 있겠죠."

○

삶에서 우리가 원하는 것을 얻는 방법은 여러 가지가 있습니다. 하지만 기본적으로 모든 것은 우리가 그것을 어떻게 생각하느냐에서 시작됩니다.

"네가 생각한 대로 그렇게 될 것이다 As you think so shall you be.**"**

이 짧은 문장은 제가 생각하기에 아마도 우리가 삶에서 배우고 익힐 수 있는 가장 중요한 내용일 겁니다. 이 오래된 문장을 기억하세요.

'하루종일 생각하는 대로 그렇게 내가 된다 That I become what I think about all day long.**'**

내가 생각하는 것이 나를 확장시킨다는 사실을 알게 되면 생각하는 것에 대해 정말 조심하기 시작합니다. 내 삶에서 드러나거나 나타나기를 원하지 않는 것에 대한 생각을 마음속에 허용하지 마세요. 당신이 생각하는 그것, 그것이 당신의 오늘을, 내일을 만듭니다.

○

제 삶의 중심 원칙 중 하나는 비관주의자가 될 만큼 미래를 충분히 아는 사람은 아무도 없다는 것입니다. 무엇이 가능할지 아무도 모릅니다. 우리가 할 수 있는 일, 타인이 할 수 있는 일의 한계는 존재하지 않아요.

제가 만나는 대부분의 사람들은 늘 뭔가 기분을 상하게 하는 기회와 이유를 찾기 위해 노력하는 듯 보입니다. 그리고 그 이유는 부족하지 않습니다. 저 사람이 옷을 입은 방식, 그 사람이 하는 말과 행동, 나와 다른 관습을 공유하는 사람들, TV 뉴스 등 여러 가지가 있지요. 사실 사람들을 만나다 보면 기분을 상하게 할 수 있는 이유가 100가지가 넘을 것입니다.

하지만 모든 것에 열려 있는 마음을 가진다면 어떨까요? 저는 기분을 상하게 할 그 어떤 것도 찾지 않으며, 다른 사람이 뭐라고 하든 이렇게 반응합니다.

"흥미로운 관점입니다. 전에는 그런 생각을 해본 적이 없었는데요."

○

우리 모두는 나름의 목적을 가지고 이 땅에 태어났습니다. 하지만 너무도 많은 사람이 자기 안의 목적에 따라 사는 것을 두려워하지요. 당신이 하고 싶어한 이야기가 있다는 것을, 연주하고 싶은 음악이 있다는 것을 알고 있습니다. 어딘가에서 행하고 싶었던 행동이 있다는 것도 알고 있습니다. 미국 서부에서 말을 키우고 싶을 수도, 남아공에서 아이스크림 가게를 열고 싶을 수도 있습니다.

무엇이 될지 누가 알겠어요. 여행을 다니며 넓은 세상을 보고 싶을 수도 있습니다. 누군가와 연애를 시작하고 싶지만 두려움 때문에 망설여져도 마음은 그것이 옳은 일이라고 말하고 있을지도 모릅니다.

톨스토이의 유명한 소설 《이반 일리치의 죽음》에 제가 아주 끔찍하게 생각하는 질문이 나옵니다. 주인공은 임종을 앞두고 스스로에게 이런 질문을 던지죠.

"만약 내 인생이 전부 잘못되었다면 What if my whole life has been wrong?"

제 인생의 마지막 날에 저 말을 결코 떠올리지 않기를 바랍니다. 저는 제가 무엇을 위해 살고 있는지 압니다. 지금 그 목적에 따라 하루하루 살고 있지요. 여러분 앞에 서 있고 이 자리에 앉아 책을 쓰면서 제가 알고 있는 진실을 세상에 전하고 있습니다.

저는 항상 의도적으로 성취감을 느낍니다. 인생의 마지막 순간에 톨스토이 소설의 주인공처럼 고민하는 일은 없을 것입니다. 당신이 누구든, 그 삶의 목적이 무엇이든 다른 사람들은 이상하게 해석할 수도 있습니다. 그래도 괜찮습니다. 당신의 삶이니까요.

자신의 길을 가세요. '만약 내 인생이 전부 잘못되었다면?'와 같은 말을 남기고 떠나지 마세요. 당신의 삶은 당신이 생각한 대로 그렇게 흘러갈 겁니다. 생의 마지막까지.

◦ 차례 ◦

제1부

책임감 있게 반응하라

우리가 중요하다고 강조하는 그곳에 함정이 있다.
우리는 자신을 가여운 사람으로 만들 수도,
행복한 사람으로 만들 수도 있다.
사실 둘 다 드는 힘은 똑같다.

_카를로스 카스타네다 Carlos Castaneda

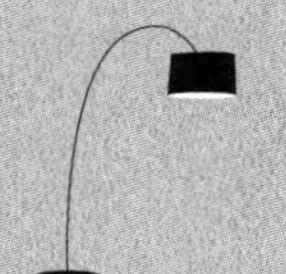

Happiness is the way

제1장

모든 것은 태도에 달려 있다

Attitude is Everything

저는 인생의 대부분을 인간의 행동을 연구하며 보냈습니다. 교수로, 카운슬러로도 일했고 책도 썼고 박사 과정 공부도 했죠. 그렇다 보니 몇 번이고 '행복'이라는 주제로 돌아가곤 했습니다. 그 과정에서 행복을 추구하는 인간에 관한 글들을 숱하게 접했습니다. 그러면서 알게 된 건, 사람들은 행복이란 무언가 혹은 누군가에게서 발견할 수 있다고 여긴다는 겁니다. 너도나도 행복을 찾아나서느라 인생을 허비하죠. 안타까운 일입니다. 행복은 바로 '자기 자신에게 달려 있는 것'이니까요. 그리고 또한 우리가 생각하는 방식에 달려 있습니다.

행복은 내적인 개념입니다. 즉, 행복하기로 '결심'하면 행복할 수 있습니다. 행복이 우리 안에 있다면 무엇을 하든, 어느 순간에든 행복할 수 있습니다. 일을 하면서도 행복을 느낄 수 있고, 누군가와의 관계에서도 행복을 느낄 수 있습니다. 우리가 어디에 있든 행복할 수 있습니다. 그러니 행복을 얻으려고 애쓸 필요가 없습니다.

그런데 행복에 관해 이야기하면 많은 이들이 왕왕 그 개념을 다른 것들과 섞어 생각하곤 합니다. 자신이 느끼고 경험하는 일들에 대한 책임을 다른 사람, 다른 것에 돌리죠. 바로 이렇게요.

"'너' 때문에 마음이 상했어."

"'너' 때문에 기분이 나빠."

"'너' 때문에 당황했어."

"'너' 때문에 오늘 불행했어."

혹은 이렇게도 말합니다.

"세상에는 온통 스트레스를 받는 일밖에 없어."

"백악관에 앉아 있는 누군가 때문에 화가 나네."

"주식 시장 때문에 우울해."

하지만 이런 일들은 이 지구상에서 실제로 벌어질 수 없습니다. 그러니까 그 어떤 것도 우리를 분노하게 하거나, 우울하게 혹은 불행하게 만들 수 없다는 말입니다.

정말 행복한 사람이 되고 싶은가요? 그렇다면 먼저 '삶에서 내가 경험하는 일들은 저 바깥에 존재하는 것들을 어떻게 인지했느냐에서 온다'라는 생각을 받아들이기 바랍니다. 내 삶에서 벌어지는 일들은 모두 내 책임이라는 말입니다. 저는 '책임감'이라는 말은 '책임 있게 대하는 것'이라고 생각합니다. 무책임하게 대하는 것이 아니라요.

"그걸 대할 능력은 '내게' 있어."

"나는 그걸 대할 '능력이' 있어."

이런 식으로 생각하면 살면서 일어나는 모든 일에 대해 스스로 책임을 지게 됩니다. 이것이 제가 몇 년 동안 사람들에게 전하려고 애썼던 주제입니다.

내 감정에 책임지기

오렌지를 예로 들어볼까요? 오렌지를 쥐어짜면 무엇이 나올까요? 물론 오렌지 주스가 나오겠죠. 하지만 제가 묻고 싶은 건 오렌지를 짰을 때 어째서 오렌지 주스가 나올까 하는 겁니다. 답은 당연히 '그 안에 그게 있으니까'겠죠.

이때 누가 오렌지를 짜느냐가 문제가 될까요? 어떻게 짜는지, 어떤 도구로 짜는지, 아침에 짜는지 저녁에 짜는지가 문제가 될까요? 그렇지 않습니다. 오렌지를 짜면 언제나 그 안에 담긴 내용물이 나옵니다. 마찬가지로 뭔가가 우리를 쥐어짤 때, 그러니까 뭔가에 압박을 받을 때 나오는 건 우리 안에 있는 것입니다. 그게 화든, 증오든, 스트레스든 말입니다. 누가 우리를 쥐어짜는지, 언제 쥐어짜는지, 어떻게 쥐어짜는지 때문이 아닙니다. 그저 우리 안에 있는 것이 나오는 것이지요.

내 안에 없는 것은 밖으로 나올 수 없습니다. 내가 처한 환경과는 상관이 없습니다. 고속도로를 달리는데 누군가가 위험하게 끼어들어 미친 듯이 화가 났을 때, 사실은 누군가가 끼어들어서 화가 난 게 아닙니다. 내 안에 있는 게 밖으로 나온 것일 따름입니다. 그러니 안에 있는 것을 밖으로 내보내지 않는다면 누구도 우리를 화나게 하지 못합니다.

"당신이 동의하지 않으면 누구도 당신에게 열등감을 느끼게 할 수 없다."

엘리노어 루스벨트가 한 말입니다. 전 이 말을 참 좋아합니다. 누구도 나를 우울하게 만들 수 없습니다. 누구도 나를 화나게 할

누구도 나를 우울하게 만들 수 없습니다.
누구도 나를 화나게 할 수 없고,
마음 아프게 할 수 없습니다.
누구도 내 안에 없는 것을 만들어낼 수는 없습니다.

수 없고, 마음 아프게 할 수 없습니다. 누구도 내 안에 없는 것을 만들어낼 수는 없습니다.

우리는 모두 자신에게 일어나는 일에 대해 어떤 목소리를 가지고 있습니다. 그 목소리는 우리 자신이 만든 겁니다. 직장에서 함께 일하기 싫은 사람이 있다면, 인간관계가 어렵고 늘 남에게 당하기만 하는 것 같다면, 자녀가 나를 존경하지 않는다면 먼저 자기 자신을 바라보며 이렇게 물어보세요.

'나는 어떤가? 어떻게 해야 피해의식을 느끼지 않을 수 있을까?'

'어떻게 하면 저 인간을 바꿀 수 있을까?' '어떻게 하면 세상이 달라질까?' 이렇게 묻지 마세요. 내가 싫어하고, 나를 화나게 하는 건 실제로는 내가 가진 증오이고 분노이며 화입니다. 모두 자기 안에 있는 겁니다. 다른 누구에게 있는 게 아니라 오직 나 자신의 것일 뿐입니다.

'저 사람이 나 같기만 하면 이렇게 화가 나는 일도 없을 텐데.' 우리는 화가 나면 종종 이렇게 남 탓을 하죠. 하지만 깨달음의 여정에 들어서면 흥미로운 일이 일어납니다. 내 화를 돋우는 행동을 하는 사람이 나타나도 내 문제가 아니라 그 사람의 문제로 보게 되지요. 그리고 이제는 자신이 싫어하는 행동을 하는 사람에 대해 스스로 할 수 있는 대응 방법을 생각하게 됩니다.

'저 사람은 저 사람이고, 저 사람은 자기가 옳다고 생각하는 대로 행동하는 것뿐이야. 그러니 나는 내 식대로 저 사람에게 반응할 거야. 나는 애정을 가지고 친절하고 포용력 있게 행동할 거야. 그렇게 하면 어떤 행동에도 잘 대응할 수 있을 거야. 아니면 무시할 수도 있겠지. 어느 쪽이든, 저건 내 일이 아니야. 저 사람이 하는 거지.'

내가 어떤 문제, 어떤 상황에 처해 있든 아무 상관이 없습니다. 그 문제에 대한 '태도'가 상관있는 겁니다. 저는 지금까지 살아오면서 어느 순간 내면의 성장이란 전적으로 자신의 책임에 달려 있다는 사실을 이해하게 되었습니다. 하지만 우리는 살아가면서 내면의 성장을 무척이나 많이 무시하곤 하죠.

예를 들어 양초에 불을 켰다고 생각해봅시다. 불이 켜진 양초를 들고 밖으로 나갔는데, 나가자마자 바람이 불어와 촛불을 꺼뜨립니다. 우리의 일상도 이와 비슷합니다. 살면서 다양한 외부의 힘들을 마주하는데, 그것들이 늘 내 안의 촛불을 꺼뜨리는 것만 같습니다.

내 안의 촛불은 절대 흔들리지 않는다는 확신을 가지고 살아가세요. 살다 보면 통제할 수 없는 외부의 사건들이 수없이 일어납니다. 질병이든, 사고든 예기치 못한 인생의 태풍은 언제든지 몰아칠 수 있습니다.

그럼에도 내 안의 촛불은 오직 내가 가진 고유한 것입니다. 세상이 나를 소외시키거나 무너뜨린다고 생각하지 말고, 나를 위해 돌아가고 있다고 생각하기로 '선택'할 수 있습니다. 어쩌면 우리가 인생에서 궁극적으로 도달해야 하는 건 밖에서 무슨 일이 벌어지든 강하고 밝게 살아가야 함을 아는 것, 그와 같은 내면의 성장일지 모릅니다. 다시 한번 말하지만 자신에 대해 '주인 의식'을 가지세요. 내 인생은 내 것입니다. 내면에서 혹은 바깥에서 무슨 일이 벌어지든 전적으로 나에게 달려 있음을 깨달아야 합니다. 모든 일은 나 자신에게서 비롯됩니다.

스스로를 가두는 사람들

오랫동안 책임감과 행복에 관해 무척이나 많이 생각하고 글을 썼습니다. 그러면서 세상에는 세 종류의 사람이 존재한다고 생각하게 되었죠. 첫 번째는 인생이 그저 고통스럽고 스트레스와 긴장뿐인 사람입니다. 두 번째는 늘 고통스럽거나 스트레스로 가득한 건 아니지만 그래도 자신이 만들 수 있는 최상의 상태에서 살지 못하는 사람입니다. 세 번째는 우리가 도달해야 할 목표로서 '한계를 모르는 사람no-limit'입니다. 이들은 자기 능력치에 한계를 두지 않으며 가능한 한 최선을 다해 살아가는 데 집중합니다.

카운슬링과 심리학 분야의 많은 선배들은 이렇게 말합니다. "그래, 선택받은 소수의 사람이 있지. 그 사람들은 정말이지 너무나 특별해." 하지만 전 그렇게 생각하지 않습니다. 누구나 자신이 한계가 없다는 걸 깨닫고 그런 삶을 살 수 있습니다. 누구나 지고至高의 인간성에 도달할 수 있고 그렇게 깨우친 삶을 살 수 있습니다.

뉴욕으로 돌아가 심리상담사이자 치료사로 일하던 시기에 많은 사람들이 저를 찾아왔습니다. 저마다 살면서 부딪히는 문제에 대한 답을 구하고자 했죠. 그들과 대화를 나누면서 문득 깨달았습니다. 제 앞에 있는 사람이 변호사든, 주부든, 택시 운전사든 아무런 차이도 없다는 것을요. 하지만 누구나 한계가 없는 삶을 살 수 있다고 말하면 그들은 이렇게 말했습니다.

"선생님, 말은 쉽죠. 실제로 그렇게 하는 건 쉽지 않다고요!"

하지만 전 이렇게 말합니다.

"아니요. 쉽습니다."

정말 그렇습니다.

그런데 왜 어떤 사람들은 다른 사람들과 건강하고 행복하게 살아가는 일을 복잡하고 어려운 일로 만들어버릴까요? 언젠가 강연을 마치고 나설 때 한 여성이 다가와 이렇게 말했습니다.

"한 시간 반 동안 선생님 강연을 들으니 기분이 좀 나아졌어요. 하지만 사실대로 말씀해주세요. 선생님은 살면서 낙담했던 적이 한 번도 없나요?"

"없습니다. 정말로요."

"이런, 실망이네요. '저도 낙담한 적이 있답니다'라고 말씀하시길 기대했는데요."

그러고는 돌아가 버렸습니다.

유명 심리학자들은 토크쇼 같은 데 나와서 이렇게 말합니다. "우울한 건 자연스러운 현상입니다. 신경이 예민해지는 것도 정상이고요. 행복하지 않다고 느끼는 것도 인간적인 모습입니다." 하지만 전 우울하고 실망스런 감정들이 자연스럽고 정상적이라거나 인간적이라고 생각하지 않습니다. 그것은 '자신을 가두는 행동self-defeating'일 뿐입니다. 살다 보면 저 아래로 추락할 때가 있고, 부딪치거나 낙담할 수 있으며, 매우 나쁜 환경에 처할 수 있다고, 인생은 그런 것이라고 우리는 들어왔습니다. 하지만 그건 진실이 아닙니다.

언젠가 출연했던 텔레비전 프로그램의 진행자가 이렇게 말한 적이 있습니다.

"제가 알기론 다이어 씨는 무척이나 긍정적인데, 누구나 다이어 씨 같진 않습니다. 당신과 같은 지능이나 행운을 지닌 사람은 많지 않아요. 비가 내리는 날 밖에 나가서 버스를 기다리는데 버스가 오지 않는 경우도 있답니다. 게다가 정류장 앞을 지나가는 차가 흙탕물을 튀기기도 하죠. 그럴 때도 사람이 긍정적일 수 있다고 생각하시나요?"

전 이렇게 대답했습니다.

"자신을 가두는 사람과 한계를 모르는 사람의 차이는 그 사람이 당면한 문제가 무엇인지와는 큰 관계가 없다고 생각해요. 이 지구상에 사는 사람 누구나 매일 어떤 문제와 마주칩니다. 누구나 비가 내리는데 차를 기다리는 날이 있습니다. 누구나 인플레이션을 겪고, 나이가 들고, 아프고, 아이들 때문에 실망하는 날이 있습니다. 누구에게나 문제는 있죠.

하지만 한계를 모르는 사람은 문제에 대해 다른 태도를 취합니다. 어떤 상황도 일어날 수 있음을 알고, 문제가 절대로 일어나서는 안 되는 일인 양 대하지 않습니다. 한계를 모르는 사람은 빗속으로 나가서 이렇게 말하지 않아요. '비가 내려선 안 돼. 어째서 비가 내리는 거지? 비가 올 줄은 몰랐는걸. 3월이잖아. 3월에는 비가 안 올 거라고 했는데! 정말 이상해. 3월에는 비가 안 온다고!' 이것은 자신을 가두는 사람, 불행에 휘둘리는 사람들의 화법이죠."

정말 그렇습니다. 예를 들어 한계를 모르는 사람에게 2 곱하기 2가 얼마냐고 물으면 이렇게 대답할 겁니다. "4인데요." 하지만 자신을 가두는 사람에게 같은 질문을 하면 이렇게 대답합니다. "2 곱하기 2는 4인데, 이걸 참을 수가 없어. 어째서 늘 4인 거지? 너무 지겨워. 이런, 늘 4잖아. 4가 된다는 게 지겨워 죽겠어. 어째서 한 번이라도 5가 될 순 없는 거지?"

차이를 알 것 같나요? 제 말은 이런 사람들을 이해하라는 게 아닙니다. 정신질환자에게 2 곱하기 2가 얼마냐고 물으면 37이든, 90이든 머릿속에 떠오르는 대로 말합니다. 그들에겐 보호가 필요하죠.

다른 예를 하나 더 들어볼까요? 공항에서 비행기가 연착되었습니다. 불행에 휘둘리는 사람은 무척이나 화를 내겠지요. "세상에, 이 항공사 어떻게 된 거야! 이번 달에만도 다섯 번이나 연착이잖아!" 그런 생각을 하는 바람에 화가 다섯 배나 더 납니다.

하지만 불행에 휘둘리지 않는 사람은 그 시간에 책을 읽기도 하고, 새로운 친구를 사귀기도 하고, 비행기가 들어오는 모습을 구경하기도 하고, 전망대로 나가보기도 합니다. 불행의 노예가 되지 않는 그들은 가만히 앉아서 세상이 돌아가는 방식에 불평을 터트리는 대신 다른 뭔가를 합니다.

전 디트로이트에서 자랐습니다. 7, 8년 동안 도시의 동쪽 외곽에서부터 웨인 주립대학교까지 매일같이 차를 몰고 다녔습니다. 가끔 하루에 두세 번을 오갈 때도 있었어요. 그럴 때 차가 막히면 미쳐버릴 것 같았습니다. "또 막혔어! 내 이럴 줄 알았지!" 저는 짜증을 내곤 했습니다. 하지만 그러는 사이에 차는 더 막혔습니다. 교통체증은 저를 전혀 신경 쓰지 않으니까요. 내가 화가 났든 말든 막히지 않는 순간이 올 때까지 막히죠. 그뿐이에요. 교통체증에 대해 우리가 말할 수 있는 건 이것뿐입니다.

하지만 요즘 저는 똑같은 상황을 맞닥뜨려도 성질을 피우지 않고 다른 일을 합니다. 고속도로에서 저처럼 차를 세우고 있는 사람들에게 인사를 건네기도 하고, 스마트폰으로 간단한 이메일을 보내기도 하고, 오디오 프로그램을 듣기도 합니다. 4년 동안 자주 막히는 곳으로 차를 몰고 다니다 보면 온갖 언어를 배울 수도 있습니다. 통근 시간에 외국어 프로그램을 듣는 것만으로도 프랑스어나 스페인어를 충분히 배울 수 있죠.

하지만 보통은 어떻게 하나요? 세상에 이런 일이 일어날 수 있냐면서 씩씩거리며 집으로 가서 아이에게 고함을 칩니다. 아이가 "아빠, 대체 무슨 일이에요?"라고 물으면 고작 "차가 엄청 막히더라고. 차 때문이야."라고 말할 뿐이에요. 그러고 나서 주방에 가 맥주를 벌컥벌컥 들이킵니다. 아이가 엄마에게 묻습니다.

"아빠가 왜 저렇게 술을 드셔?"

"차가 엄청 막혀서 그렇대."

"왜 엄마랑 아빠는 이혼 안 하는 거야?"

"차가 막혀서 그런 거니까."

"아빠한텐 왜 위염이 생긴 거야?"

"차가 막혀서 그렇대."

나중에 아빠의 장례식장에 가면서 아이가 또다시 묻습니다.

"아빠가 왜 벌써 돌아가신 거야?"

"그놈의 교통체증 때문이지!"

이런 시나리오가 실제가 될지는 우리 자신에게 달려 있습니다. 인생에서 일어나는 일 대부분이 이런 식으로 돌아갑니다. 우리는 외부의 힘, 우리를 위협하는 태풍을 막을 수 없습니다. 하지만 자기 안에서 일어나는 일은 막을 수 있습니다. 우리는 내면의 촛불을 꺼뜨리지 않을 수 있습니다.

'난 못해요'에 담긴 그릇된 믿음

'사람들이 나를 대하는 방식은 내가 허락한 것이다'라는 말이 있습니다. 살면서 누군가가 나를 대하는 태도가 맘에 들지 않는다면, 나를 어떻게 대하라고 내가 말하고 있었는지 생각해보세요. 자신을 가두는 사람은 현실을 있는 그대로 인식하긴 하지만 받아들이려고 하진 않습니다. 이들은 현실이 다르길 바라면서 이렇게 불평합니다.

"네가 나처럼만 하면 지금 내가 이렇게 화가 나진 않을 텐데."
"네가 지금과 다른 식으로 행동하면 내가 더 행복해질 텐데."
"기름값이 오르지 않으면, 실직 상태가 아니라면, 상황이 지금 같지만 않으면…."

이들은 지금의 현실에 대해 누군가를 탓하는 걸로 결론을 맺습니다. 이들이 자주 사용하는 말로는 "날 좀 내버려둬요.", "난 못해요.", "난 불안발작 증세가 있어요." 등이 있습니다.

그러나 세상에 '분노'라는 존재는 없습니다. 그리고 지옥이 습격해오는 일도 물론 없습니다. 인생의 어느 순간에 화가 난다고 생각하는 사람만 있을 뿐입니다. 상황이 어떻든 스스로 화가 난다고 생각하지 않으면 어떤 상황이든 다룰 수 있습니다.

물가가 오르고, 세금이 오르고, 해고를 당하고, 자녀의 성적이 떨어지고, 누군가가 아프고, 가까운 사람이 죽고, 상사가 이상한 지시를 내리고, 냉장고가 고장 나고…. 온갖 일들이 벌어질 수 있습니다. 이런 일들을 어떻게 다루는지 배울 수 있다면 위기가 닥쳤을 때 '피해자'가 되지 않을 수 있습니다. 늘 충격을 받고, 뒤로 물러나고, 세상에서 벌어지는 모든 일에 속상해하고, 지금과는 다른 일이 일어나길 바라면 책임 있게 반응할 수 없습니다.

인생에서 벌어지는 어떤 일에든 '탓'을 하지 마세요. 삶이 당신을 괴롭히고 있다면, 피해의식을 느낀다면, 어떤 상황을 어떻게 다뤄야 할지 모르겠다면, 기운이 다 빠져버렸다면, 자녀나 부모가 당신을 막 대한다면, 공부나 수업을 잘 따라가지 못한다면, 상사가 귀찮게 한다면…. 그건 모두 내가 나를 그렇게 대해도 된다고 허락해준 겁니다.

한 내담자가 자신이 얼마나 가여운지에 대해 말한 적이 있습니다. 알코올 중독자 남편과 결혼했다면서요. 전 이렇게 물었습니다.

"그래서 뭐가 문제인데요?"

"남편은 혀 꼬인 소리로 말해요. 한 말을 하고 또 하죠. 냄새도 얼마나 지독한지…. 남편은 모든 게 다 끔찍해요."

"음, 제가 이해한 대로 말해볼까요. 이 이야기에서 누가 이상한 사람인지 한번 보죠. 당신은 알코올 중독자와 결혼했다고 말했어요. 남편이 혀 꼬인 소리로 말하고, 한 말을 하고 또 하고, 냄새도 나쁘고, 모든 게 끔찍하다고 했어요.

그런데 제가 알기로는 알코올 중독자는 모두 그렇습니다. 우리 모두 알코올 중독자가 어떤지 알고 있어요. 그런데 당신은 알코올 중독자와 결혼을 하고서는 남편이 알코올 중독자처럼 행동하지 않기를 바라고 있어요. 자, 누가 이상한 사람일까요? 알코올 중독자처럼 행동하는 알코올 중독자일까요, 아니면 그 사람 본래 모습과는 다른 모습을 기대하는 사람일까요?

남편 분은 본래 모습대로 행동하고 있을 뿐입니다. 어째서 당신은 스스로를 가엾게 만드는 생각을 마음속에 품고 인생을 더욱더 가엾게 만들고 있나요? 왜 그런 생각을 바꾸지 않나요? 스스로가 가엾다고 말하면 결국 가여워질 수밖에 없다는 생각은 안 드시나요? 자기가 생각하는 대로 되기 마련입니다. 당신이 얼마나 가여운지 계속 말하게 되는 상황은 스스로 그렇게 되도록 내버려둔 겁니다. 변화는 당신에게서 시작돼요. 남편 분이 아니라요."

저는 내담자에게 자신이 무능하다는 생각이 들거나, 극복해야 할 단점이 있다고 여기거나, 어떤 관계를 잘 맺지 못하고 있거나, 직업상 문제가 생겼거나 할 때, 그러한 상황을 뒷받침하고 있는 믿음이 무엇인지 설명해보게 합니다.

저 자신도 살아가면서 이 일을 숱하게 했습니다. 한 예로, 테니스를 몇 년째 치고 있는데 시간이 지날수록 '난 백핸드로는 못 쳐'라고 점점 더 믿게 되었죠. 이런 잘못된 생각을 무척이나 오랫동안 스스로에게 주입했어요. 그러다 어느 날부터 그 생각을 바꾸기 시작했습니다. 그리고 더 열심히 연습만 하기보다는 백핸드로 하는 모든 걸 해보는 저 자신을 머릿속에 그리기 시작했죠. '난 드롭샷은 못 쳐'라고 말하지 않고 백핸드로 드롭샷을 치는 상상을 하기 시작했고 실제로 그렇게 되었습니다. '난 절대 드롭샷(로브 또는 스핀 서브)은 못 해' 같은 말을 더 이상 하지 않게 되었죠.

뭔가를 못 한다고 스스로에게 끊임없이 말하면 그 믿음대로 돼 버립니다. 테니스 실력을 향상시키고 싶다면, 어떤 대단한 일을 해내고 싶다면 먼저 생각을 바꾸도록 노력해보세요. 자신이 할 수 있다고 생각하고 최선을 다해 살아가세요. 할 수 있다고 생각할 때 실제로 그렇게 될 것입니다.

✣

인생에서 어떤 대우를 받으며 살아갈 것인지를 결정하는 것 또한 나 자신입니다. 그래서 무례한 사람을 만나면 내가 그런 행동을 참아 넘기지 않는 사람이라는 걸 알게 해줘야 합니다.

예를 들어 가게의 점원이 내게 무례하게 행동한다면 가장 먼저 자기 자신에게 '이건 저들의 행동이야. 이건 저들이 책임져야 해'라고 말해줍니다. 그러고 나서 저 같은 경우는 약간의 친절함을 담아 대응합니다. 이것이 잘 되지 않으면 다른 직원에게 가거나, 매니저를 부르거나 해서 그 상황에서 빠져나옵니다. 그 자리에서 버티며 물리적, 정신적, 지적, 영적으로 누군가에게 괄시받지 않습니다. 그런 일이 일어나게 두는 것은 그 사람이 나를 그런 방식으로 대하도록 허락해주는 일이기 때문입니다.

놀랍게도 대부분의 경우 친절과 애정을 담아 행동하면 사람들은 당신을 무례하게 대해선 안 된다고 생각하게 됩니다. 이런 식으로 해도 안 되면 B안을 해보고, 그래도 안 되면 C안, D안으로 넘어가세요. 이런 계획은 모두 인간으로서 자신이 어떤 사람인지에 대한 내적 믿음에서 나옵니다.

스스로를 무척이나 가치 있는 사람이라고 생각하면 누구도 당신을 함부로 대하지 않게 됩니다. 예를 들어 무척이나 아름다운 100만 달러짜리 꽃병이 집에 있다고 생각해봅시다. 당연히 함부로 다루지 않겠죠. 그 꽃병으로 캐치볼을 하지도 않을 것이고, 바닥에 던지지도 않을 거예요. 행여 흠이라도 날까 싶어 안전한 곳에 두겠죠.

당신도 이와 다를 바 없습니다. 스스로가 무척이나 가치 있고 중요한 사람이라 생각하고 인간으로서 의미를 부여하면 절대로 누구도 당신을 함부로 하지 못할 겁니다. 대부분 자신을 함부로 대하는 건, 그러니까 담배를 피우고 마구 먹어대고 알코올 중독에 빠지는 건 '난 아무 가치도 없으니 막 다뤄도 된다'는 스스로에 대한 믿음에서 기인합니다.

그런데 외롭다고 느끼는 사람들도 대부분 이런 식입니다. 그 자신이 홀로 있는 사람을 좋아하지 않아요. 홀로 있는 사람을 좋게 느낀다면 홀로 있는 것이 절대 외롭지 않습니다. 오히려 아주 멋진 일이죠. 당신이 지금 그토록 멋진 사람과 함께 있을 기회를 얻은 겁니다. 하지만 홀로 있는 사람을 불쌍하게 여기거나 받아들이기 힘든 사람이라고 생각한다면 당신은 늘 빈자리를 채워줄 다른 누군가를 찾아다닐 겁니다.

자기 자신을 좋아하지 않으며 자랐다고 상상해보세요. 그 자아는 내가 어디를 가든 함께 갑니다. 실제로 많은 사람들이 그렇게 하고 있어요. 무척이나 어리석은 짓이죠. 나라는 사람은 전적으로 내가 믿기로 한 것에 따라 만들어집니다. 당신이 둔하다거나, 요리에 꽝이라거나, 수학에 젬병이라거나, 별로 매력적이지 않거나, 가진 게 없다고 느낀다면 당신이 자신의 인생에 그것을 허락했기 때문입니다.

지금의 결과는 그동안 스스로 해온 선택들로 만들어진 것입니다. 결과가 마음에 들지 않는다면 비난의 수레바퀴에서 내려와 자기 책임Self-responsibility이라는 기차에 올라타세요. 자존감이 있다면 바라는 바를 이룰 수 있습니다. 자존감이란 자신에 대해 어떻게 믿느냐에 따라 전적으로 그리고 절대적으로 결정됩니다. 이 모든 것이 태도에 달려 있습니다.

우리는 한 사람 한 사람이 조화와 공존과 사랑으로 움직이는 완벽한 우주의 일부입니다. 당신은 절대로 실수로 만들어진 존재가 아닙니다. 스스로 그렇다고 믿으면, 이런 완벽한 당신을 함부로 대하는 누군가가 이제는 아름답고 중요한 꽃병을 함부로 다루는 사람으로 보일 겁니다. 그리고 당신은 그런 태도를 절대 허용하지 않을 겁니다.

행복의 비결은 사랑의 비결과 같다

성공과 경제적 자유를 포함해 인생에서 가장 중요한 뭔가를 얻는 비결이 뭘까요? 그것은 사랑을 얻는 비결과 같습니다. 사랑을 좇으면, 절대로 사랑을 얻을 수 없습니다. 늘 사랑을 갈구하고 다니는 사람을 본 적 있으신가요? 그런 사람들은 클럽에 가서 사랑할 상대를 찾고 그의 사랑을 얻기 위해 애를 쓰지만 결과적으로 사랑을 얻지 못합니다.

제 인생에는 가족을 제외하고 정말로 사랑하는 사람이 몇 있습니다. 제가 그 사람들을 어떻게 만났는지 말해줄까요? 전 테니스를 좋아하는데 사람들에게 테니스를 가르쳐주기도 하고, 될 수 있으면 시합을 많이 하려고 합니다. 같은 취미를 가진 사람을 만나면 좋은 친구가 됩니다. 가장 친한 친구 마야 라보스는 달리기를 하면서 만났습니다. 달리기를 할 때 엄청 기분이 좋은데 마야는 그런 저와 함께 달렸고, 우리는 좋아하는 것이 같다는 이유로 가까워졌습니다.

있는 그대로의 모습으로 행동하고 사람들을 만나면 사랑이 다가옵니다. 사랑은 좇으면 다가오지 않습니다. 돈도 마찬가지입니다. 돈을 벌고 싶다면 돈을 좇지 마세요. 저는 완전히 밑바닥에서 시작했는데, 지금까지 제가 번 돈은 모두 우연히 벌게 된 것입니다.

전 베스트셀러가 된 《행복한 이기주의자》 전까지 여섯 권의 책을 썼습니다. 모두 판매가 시원찮았죠. 하지만 이 책들은 저의 강의와 심리학, 집단 치료의 바탕이 되어주었습니다. 돈을 많이 벌게 해주지는 못했지만 실패했다고 생각해본 적은 없습니다.

저는 제가 실패자라고 생각하지 않았습니다. 글을 쓰면서 늘 즐거웠으니까요. 제 첫 번째 칼럼은 《교육공학Educational Technology》이라는 잡지에 실렸는데, 뉴저지주에 있는 아주 작은 출판사에서 발행하는 잡지였죠. 가족 회사였고 회사의 규모에는 신경 쓰지 않았습니다. 그 회사와 작업을 하는 게 기분 좋았거든요.

전 저를 위해 글을 썼습니다. 제 책을 좋아하는 독자가 있다면 그건 보너스죠. 제 책이 베스트셀러가 되어 사람들이 사 보는 모습을 생각하며 글을 쓴 적은 한 번도 없습니다. 그저 '웨인, 네게 옳은 일을 하고, 늘 해왔던 일을 해'라고 저 자신에게 말했을 뿐입니다. 사실 누군가가 제 책을 사길 바라는 마음이 들면 흠칫 놀라곤 했습니다. 생의 대부분을 글을 쓰면서 보냈지만 글을 쓰는 행위에 관한 순수한 기쁨 말고 다른 이유로 글을 쓴 적은 한 번도 없습니다. 이를 이해한다면 삶에서 목적의식을 가진다는 게 어떤 의미인지 이해할 수 있을 겁니다.

이쯤에서 위대한 심리학자 에이브러햄 매슬로에 대해 이야기 해볼까 합니다. 매슬로는 성공한 사람들은 '절정 경험'을 인생의 목적으로 삼는다고 합니다. 절정 경험이란 어떤 순간에 완전히 몰입해서 주변의 다른 것들을 잊는 걸 말합니다. 성공한 사람들, 한계를 모르는 사람들은 삶의 많은 순간을 절정 경험으로 만드는 능력이 있습니다. 이들에게 삶은 신성한 것이기에 매일 자신에게 가장 옳다고 생각되는 일들을 행동으로 옮깁니다. 이들은 받아들임과 감사, 사랑의 언어를 알고 있습니다. 시인의 언어이자 행복한 삶을 만드는 신비의 언어죠.

언제 어디서든 절정 경험을 할 수 있습니다. 긴 줄의 맨 뒤에서 차례를 기다릴 때, 초조해하고 화를 내는 대신 시야를 넓혀 멀리 바라볼 수 있죠. 당신의 눈에 유리창으로 쏟아지는 햇살이나 뛰어노는 아이들의 웃음이 들어온다면 오래 줄 서 있어도 즐거울 것입니다.

꽃과 잡초는 오직 자신의 '판단'에 따라 갈립니다. 우주적 관점에서 생각해보면 꽃이 잡초보다 더 아름답지 않습니다. 그저 어떤 사람들이 꽃을 더 좋아하는 것일 뿐이에요. 아름다운 존재와 그렇지 않은 존재의 차이점은 오직 우리의 판단뿐입니다. 세상에서 매력적이지 않은 사람은 단 한 사람도 없습니다. 그런 사람은 존재하지 않죠. '매력적이지 않다'는 건 단지 누군가가 그렇게 생각하기로 결정한 것일 뿐입니다. 누구나 사랑받을 자격이 있습니다. 누구나 말입니다. 아마 이런 말을 들어봤을 겁니다. '죄는 미워하되 사람은 미워하지 마라.' 여기에는 인생에 관한 가장 중요한 철학이 담겨 있습니다.

조금 감상적인 말로 들릴 수도 있겠네요. 하지만 이렇게 하지 않으면 지구상에서 인간이라는 종은 살아남을 수 없었을 겁니다. 우리는 지금까지 수십억 년의 진화를 거쳤습니다. 그동안 인류가 겪은 수많은 비극들을 교훈 삼고 위대한 지도자와 철학자, 스승들이 전하는 메시지에 귀 기울여야 합니다. 우리는 모두 사랑받을 만한 존재이며 어떤 일이든 해내는 근원이라는 메시지를요. 힘은 우리 안에 있습니다. 진실은, 자신이 그 진실의 일부임을 깨닫지 못하는 한 드러나지 않습니다.

일기쓰기	**'태도'에 대해 잠시 생각해보세요. 나에 대한 태도, 다른 사람에 대한 태도, 인생 전반에 대한 태도가 어떤지 들여다본 적 있습니까? 어떻게 하면 태도를 바꾸고 자기 파괴적인 사고에서 벗어날 수 있을까요? 한계를 모르는 사람이 되기 위해선 어떤 관점의 전환이 필요할까요?**

제2장

내 인생,
내가 선택한 결과

The Choice Is Yours

독일에 있을 때 비행기가 연착되어 공항 근처 이탈리아 레스토랑에서 기다렸던 적이 있습니다. 이탈리아인 웨이터가 맛있는 물을 가져다주었는데, 알고 보니 그 안에 있는 손님 모두가 그 웨이터 때문에 신경이 곤두서 있었습니다. 그가 다른 웨이터들에게 소리를 질러대고 주방에 들어갔다 나왔다 하면서 계속 흥분지수를 높여가고 있었거든요. 저는 그 웨이터를 부르며 말했습니다.

"저기요! 왜 혼자서만 일하고 있죠? 왜 그렇게 심각한 건가요? 매일 이런 식으로 일한다면 쉰 살도 되기 전에 심장마비로 죽을지 몰라요."

그러자 웨이터는 이렇게 대답했습니다.

"이봐요, 나한테 뭘 기대하는 겁니까? 전 이탈리아 사람이라고요!"

마치 그게 모든 걸 설명한다는 투였습니다. 인종적 특성이 자신의 행동을 설명한다는 듯 말이죠. '난 여기에 대해 어느 것도 내 마음대로 할 수 없어. 그렇게 태어났으니까. 난 그런 유전자를 갖고 태어났어.' 이런 주장은 아이가 수학 시험에 낙제를 하고 나서 이렇게 말하는 것과 같죠.

"할 수 없잖아요. 아빠도 수학에 젬병이고 할아버지도 그렇죠. 저한텐 수학 유전자가 없어요. 제가 할 수 있는 일이 없다고요."

당신은 내성적인가요? 예민한가요? 걱정이 많은 사람인가요? 겁이 많아 앞에 나서서 상황을 제어할 수 없는 사람인가요? 화가 많은 사람인가요? 누군가가 자신을 조종하고 통제하는 일이 많다고 생각하나요? 자신이 믿는 바를 계속 고수하는 게 두렵나요? 못 먹을 요리를 만드나요? 스포츠에 젬병인가요? 수많은 심리학자들은 그것이 우리의 무의식 속에 있다고 말하고, 우리는 그것을 어떻게 할 수 없다고 말하겠죠.

저 역시 뭔가가 잘못되었을 때 다른 곳에 책임을 돌리는 이런 관점에 약간 길들여져 있었습니다. 왜 성공하지 못했는지, 왜 행복하지 않은지, 왜 어떤 일을 해낼 수 없는지, 왜 자신에게만 기회가 찾아오지 않는지 끊임없이 핑계를 대는 사람들이 세상에 그토록 많은 이유는 이 때문입니다.

심리치료사는 이렇게 말할지도 모릅니다.

"당신은 둘째로 태어났군요. 자신이 어떻기를 바라나요? 당신은 분명 자기만의 고유한 특징을 갖기 어려웠겠죠"

외동이라면 어떨까요? 열두 형제 중에 막내인 경우는요? 그러면 인생에서 부모님 같은 존재가 열한 사람이나 있었을 것이고, 늘 누군가 한 사람쯤은 당신에게 뭔가를 하라고 했겠죠. 돌봐야 할 동생들이 아홉이나 있는 맏이는 또 어떨까요?

우리는 어떤 변명이든 할 수 있습니다.

"그런 일을 하다니 귀신에 씌었나 봐."

"신이 실수한 거야."

내게 일어난 모든 잘못된 일들은 신 또는 부모님 탓이죠. 우리 문화에서 '어머니'는 정말로 어마어마하고도 지겨울 만큼 부당한 평가를 받고 있습니다. "내 잘못이 아니야. 난 늘 그랬는걸. 엄마가 그래도 된댔어." 전 20년 동안 이런 말을 매일 들었습니다. 그러니 진실일지도 몰라요. 주로 이런 식으로 이어지죠. "난 그 일을 할 수 없어. 엄마는 여동생을 더 좋아하셨지. 그러니까 내가 이렇게 힘들게 살게 된 거야. 여동생만 늘 관심을 독차지했어. 난 관심을 받아본 적이 없어. 가족사진을 놓을 때도 늘 여동생 사진을 가운데에 두었고, 내 건 없었어."

언젠가 텔레비전의 한 심야 방송에서 이렇게 말했습니다.

“전 단 한 가지 이유로 이 자리에 왔습니다. 모든 분에게 이렇게 말씀드리고 싶어요. 여러분, 어머니는 여러분의 동생을 더 좋아하십니다!”

모든 건 태도의 문제입니다. 내가 뭘 믿을지 스스로 선택한 거예요. 내 안에서 일어나는 일은 모두 내 선택입니다. 삶에서 일어나는 모든 일, 나를 가로막는 일, 계속 내 역할을 하지 못하게 방해하고 목표에 도달하지 못하게 하는 일들은 나 자신이 선택한 겁니다. 모두 내 선택이에요. 모두 나의 몫입니다. ‘지금의 나는 인생에서 내가 했던 선택들로 이뤄져 있다.’ 이 말은 아무리 강조해도 절대로 지나치지 않습니다.

자신감도 선택이다

한 내담자가 얼마나 댄서가 되고 싶은지 제게 말한 적이 있습니다. 그래서 물었죠.

“그럼 왜 댄서가 되려고 노력하지 않나요? 오디션을 보러 다니고, 잘 가르치는 강사들에게 레슨을 받으세요.”

그의 대답은 이랬습니다.

“아니요. 전 자신이 없어요. 자신감만 있다면 멋진 댄서가 될 텐데 말이죠."

이러한 생각이 모든 문제를 만듭니다. 긍정적인 자아상의 근간은 자신감입니다. 하지만 그냥 생겨나는 건 아니에요. 어떤 일을 하기 위해 자신감을 가지려면 먼저 자리에서 일어나 그 일을 하고, 그리고 하고 또 하는 수밖엔 없습니다. 자신감은 행동에서 옵니다. 위험을 감수하기로 선택하는 데서 오고, 실패를 두려워하지 않기로 선택하는 데서 옵니다. 타인의 비웃음을 살까 봐 두려워하고만 있으면 자신감은 생겨나지 않습니다. 실패를 두려워하면 생겨나지 않아요.

두 사람이 함께 언덕을 오르고 있습니다. 그들은 언덕을 오르다 꽁꽁 언 길에서 미끄러져 넘어집니다. 그러자 한 사람이 한숨을 쉬며 이렇게 말합니다.

"여기가 얼었을 줄 어떻게 알았겠어! 안내문에는 여기 언 곳은 없다고 했는데! 이런, 새 옷이 찢어졌잖아. 되는 일이 정말 하나도 없네."

다른 한 사람은 자리에서 툭툭 털고 일어나 이렇게 말합니다.

"언 곳을 조심해."

그리고 계속 길을 걸어갑니다.

자아에 휘둘리는 사람은 실패 때문에 자신이 움직이지 못한다고 생각합니다. 그래서 한두 번 시도한 후 성공하지 못하면 완전히 포기하고 말죠. 하지만 이와 반대되는 성향의 사람은 실패를 자신이 나아가는 원동력으로 만듭니다.

가령 당신이 열다섯 살이고 학교 교장이나 중앙은행의 은행장이 되기로 결심했다고 해봅시다. 열다섯 살짜리 교장이나 은행장은 없다는 말을 들었을 때, 자신을 가두는 사람이라면 이렇게 반응할 겁니다. "거봐, 내가 안 된다고 했잖아." 하지만 한계를 모르는 사람이라면 이렇게 말할 겁니다. "음, 중앙은행의 은행장이 될 수 없다면 우리 동네 은행을 청소하는 일은 할 수 있을 거야. 그러면 어떻게 은행장이 될 수 있는지 알아볼 수 있어." 이들은 거절이나 실패를 생각을 재조정하거나 다른 일을 하는 바탕으로 삼습니다.

자신감의 필수 요인은 '행동하는 것'입니다. 만일 자존감이 낮다고 생각하면 자리에서 일어나 자신을 조금이라도 괜찮게 느낄 만한 일을 해보세요. 그러고 나서 그 일을 하고 또 해보세요. 얼마 지나지 않아 자신에 대한 믿음이 생겨날 겁니다.

언젠가 제 딸 트레이시가 무대에서 저를 소개하기 전에 엄청 긴장했던 적이 있습니다.

"아빠, 청중석에 3,000명이나 와 있어. 내가 나가도 될까?"

전 이렇게 말해주었습니다.

"학창 시절 처음 독후감 발표를 하기 전날 밤에, 난 친구들이 내 바지 지퍼가 열렸다면서 놀리는 상상을 했단다. 엄청 걱정하면서 계속 이렇게 중얼거렸지. '제발, 제발! 선생님이 내일 기억상실증에 걸려서 웨인 다이어란 녀석이 있다는 걸 생각조차 못 하길!' 내 소원은 아예 발표를 하지 않는 거였어.

지금 나는 수천 명의 사람들 앞에서 이야기할 수 있단다. 물론 이건 그냥 저절로 이뤄진 게 아니지. 그날 난 발표를 했고, 나중에 또 했고, 다시 또 했어. 얼마 안 되어 사람들 앞에서 말하는 일은 무척이나 쉽고 재미있고 흥분되기 시작했지. 그건 내 선택으로 시작됐어. 너 역시 같은 선택을 할 수 있단다."

그런데 지금까지 인생을 살아오면서 형성된 자아상과 자신감이 반드시 일치하는 건 아닙니다. 그러니까 '내가 하는 일=나 자신'은 아니라는 말입니다. 만일 그 일을 하지 않을 때는 내가 아닐까요? 내가 존재하지 않을까요? 내 사업이, 내가 얼마나 돈을 많이 버는지가, 내 집이나 가족, 자녀가 나라는 인간을 규정한다면 그런 것들이 사라졌을 때 나는 과연 누구일까요? 자아상을 외부의 것과 연결시키면 언젠가 직장을 잃고, 집을 잃고, 자녀들이 떠나고, 배우자가 죽었을 때 나 역시 일부가 죽게 됩니다.

여러 번 말했지만 우리는 뭔가를 '하는' 인간이 아니라 인간이라는 '존재' 그 자체입니다. 나 자신을 내가 하는 일과 동일시하면 뭔가를 '하는' 인간이 진화했겠죠. 하지만 그렇지 않습니다. 우리는 '존재'입니다. 하는 일로 평가나 판단을 받는 것이 아니라 그저 존재하는 것입니다.

내가 어떤 인간이라고 믿으면 그것이 바로 나입니다. 그러면 위험을 받아들이고, 실패하는 자신을 허용할 수 있으며 다른 것들도 잘해나갈 수 있습니다. 인생에서 자신이 하는 어떤 일도 그저 하나의 선택으로 바라보게 되고, '나는 언제나 가치 있는 사람이다. 존재만으로 가치 있는 인간이다'라는 생각이 깊이 자리 잡게 됩니다. 누군가가 그렇게 말해서가 아니라, 내가 성공해서가 아니라, 돈을 많이 벌어서가 아니라, 그 어떤 다른 이유가 아니라 그렇게 믿기로 했기 때문에 생기는 일입니다. 이것을 이해하지 못하면 한계를 모르는 사람으로 사는 것을 이해할 수 없습니다.

감정에 휘둘리지 않기

지금 제가 하는 말들은 아주 일반적으로 느껴지겠지만 제법 논리적이기도 합니다. 저는 대학에서 논리학 수업을 들은 적이 있습니다. 논리학 개념 중 삼단논법이란 게 있는데, 대전제와 소전제를 거쳐 두 전제에 부합하는 결론을 끌어내는 논리 방식입니다. 흔히 '논리적'이란 말은 자신의 관점을 이런 식으로 도출하는 것이라고 생각합니다. 그러면 먼저 대전제를 세워볼까요?

'나는 내 생각을 통제할 수 있다.'

다음은 소전제입니다.

'감정은 생각에서 나온다.'

이해하셨나요? 선행하는 생각 없이 어떤 감정을 가질 순 없습니다. 그건 불가능합니다. 우리는 세상의 사물을 지각하고, 그런 다음 평가를 합니다. 이 모든 일이 동시에 일어납니다. 우리는 평가를 하고, 감정적 반응을 합니다. 인지가 없다면 감정도 없죠. 혼수상태에 빠진 사람들은 그저 그 자리에 누워 있을 뿐입니다. 어떤 감정적 반응도 하지 않죠.

누군가 당신을 떠나려 하고 그 일로 우울해졌다고 해봅시다. 그런데 그 사람이 떠나려 한다는 걸 당신이 모른다면 어떨까요? 우울해질까요? 슬픔에 빠질까요? 기분이 나빠질까요? 그렇지 않겠죠. 이런 감정은 그 사람이 떠나고 싶어 한다는 것을 알게 되었을 때 비로소 생겨나는 겁니다. 그 사건 자체가 당신을 불행하게 만들진 않습니다. 우리는 이런 식으로 모든 일을 처리합니다. 감정은 생각에서 옵니다.

냉혈한이나 감정이 없는 사람이 되라는 말이 아닙니다. 단지 두 가지 사실을 말했을 뿐입니다.

'나는 내 생각을 통제할 수 있다.' (대전제)

'감정은 생각에서 나온다.' (소전제)

그러면 이 논리에서 필연적으로 도출되는 결론은 뭘까요?

'나는 내 감정을 통제할 수 있다.' (결론)

딱 한 가지만 바꾸면 우리는 감정을 통제할 수 있습니다. 바로 우리가 생각하는 방식 말입니다. '나는 내 생각을 통제할 수 있다. 감정은 생각에서 온다. 그러므로 나는 내 감정을 통제할 수 있다.'

그러면 좋지 않은 감정으로는 무엇이 있을까요? 죄책감, 걱정, 후회, 자기부정, 타인으로부터 인정받고 싶어 하는 마음, 과거에서 벗어나지 못하는 마음, 알지 못하는 일에 대한 두려움 등 모두 생각에 대한 감정적 반응입니다. 자신을 가두는 이런 감정은 우리를 앞으로 나아가지 못하게 합니다.

감정을 제어할 수 있다는 걸 깨달은 이들은 보통 사람들이라면 미쳐버릴 것 같은 환경에서도 차분하게 내면의 고요함을 유지합니다. 그들은 자신의 반응에 책임을 집니다. 계산하지 않고, 냉정하게 대하지도 않고, 감정 없는 사람처럼 굴지도 않습니다. 그저 세상을 부정적으로 판단하지 않을 방법과 그 안에 들어 있는 것이 무엇인지 알고 있을 따름입니다. 어떤 일에도 건전한 반응을 하도록 연습하고, 상황에 휘둘리지 않습니다.

고속도로에서 차가 끼어들었을 때도 이들은 순간 치미는 화를 내뿜지 않고 이렇게 말하죠. "저 사람이 오늘 내 기분을 좌지우지하게 두진 않을 거야. 이건 내 인생이니까. 오늘은 내 인생에 단 하루뿐인 날인걸. 오늘은 두 번 오지 않아."

자기 감정에 휘둘리는 사람은 친구와 사이가 틀어지면 그 자리에 앉아서 속을 태웁니다. '말도 안 되는 일이야. 어떻게 저 인간이 이럴 수 있지? 내가 어떻게 해야 하지? 도무지 이해가 안 돼.' 자기 감정에 휘둘리지 않는 사람은 이렇게 생각합니다. '이건 일어난 일일 뿐이고 난 우울해지지 않을 거야. 그렇게 하기로 했어. 좋아하는 체하지도 않을 거지만, 그 일로 우울해지지도 않을 거야. 물론 쉽게 마음이 바뀌진 않을 거야. 딱 5분만 더 이 일을 겪자. 그러고 나서 또 5분간 그럴 수도 있겠지. 계속 딱 5분씩만 겪자. 난 이런 식으로 대응할 거야.'

자신을 사랑해야 합니다. 인간이라는 존재로서 자신을 믿어야 합니다. 다른 사람들에게 무감각할 필요도, 어떤 의미가 될 필요도, 관대하고 사려 깊고 친절한 사람이 되는 삶을 살 필요도 없습니다. 저는 그렇게 살지 않습니다. 그런 식으로 행동하지도 않고, 누군가에게 그렇게 되라고 말하지도 않습니다. 제가 계속 해왔던 말은, 그리고 앞으로도 계속 할 말은 이것입니다. "우리 인생은 각자가 한 선택만이 정답입니다. 스스로 한 선택의 힘을 이해해야만 합니다."

필요하다면 화를 이용하라

저는 화를 내는 게 잘못된 일이라고 생각하지 않습니다. 오히려 세상에서 어떤 일을 바로잡아야만 한다면, 필요하다면 화를 이용하세요.

흔히 분노는 나쁜 것이라고 생각합니다. 분노는 건강하지 않은 것으로 봅니다. 하지만 그렇지 않습니다. 정작 건강하지 않은 건 자신의 행동을 가로막는 일입니다. 끔찍한 과정을 겪으며 이혼하고 분노에 차 있다면 회사에 가서 일을 잘 하지 못할 겁니다. 아이들에게 사려 깊게 대할 수도 없고 동료들과 잘 지낼 수도 없죠. 건강을 유지할 수도 없고 누군가가 건강해지도록 도울 수도 없습니다. 아프고, 피곤해하고, 우울해하는 것 말고 그 어떤 일도 제대로 하기 어려워지겠죠. 그게 할 수 있는 전부일 겁니다.

이것은 정말로 무책임한 선택이며, 가장 쉽게 치를 수 있는 대가입니다. 자신은 쓸모 있는 인간이 못 된다면서 괴로움을 만끽할 수도 있겠죠. 누군가가 왜 뭐라도 하지 않느냐고 물을 때마다 완벽한 변명거리가 돼주기도 하고요. "내가 어떤 일을 겪었는지 알면서, 어떻게 나한테 뭐라도 하지 않느냐고 말할 수 있지?"라고 말하죠.

가장 끔찍하고 무책임한 선택은 '후회'라는 감정을 갖는 것입니다. 그건 자신에게 이렇게 말하는 것과도 같아요. '내가 했던 일에, 하지 않았던 일에, 해야 했던 일에, 하지 말았어야 했던 일에 후회하며 주저앉아 있는 동안에는 그걸 바로잡을 어떤 일도 하지 않아도 돼. 그러니 나는 계속 후회로 기분이 나쁜 상태에 있을 거야. 지금 이 순간 나는 후회할 뿐이고 더 많이 후회할수록, 그 일에 대해 뭔가 할 수 있는 게 적어질 거야. 나는 책임지지 않고 감정적 균열을 겪는 걸 택할 거야. 그래서 내 인생을 행복하지 않게, 어찌할 수 없게 만들고 고통스럽게 할 거야.'

책임은 사람들을 사랑하고, 친절하고 예의 바르게 행동하며 바르게 대하는 것입니다. 특히 자기 자신에게요. 그럼으로써 긍정적인 사람이 되고, 어디서든 긍정의 기운을 나눠 줄 수 있습니다. 그러면 도무지 좋다고 할 수 없는 일이 벌어진다 해도 거기에 반응하고, 뭔가를 해보려고 하고, 해결책을 찾는 준비가 갖춰집니다. 자신의 고통과 그것이 얼마나 끔찍한지에만 신경을 쓰고 있으면 계속 그 자리에 머물 뿐입니다.

흔히 화, 우울, 두려움, 질투, 후회 그 밖의 부정적인 감정들을 방어하는 데 많은 시간을 들이지만 사실 그 감정들은 전혀 방어할 가치가 없습니다. 또한 이런 선택은 무척이나 책임감 없는 행동입니다. 질투를 예로 들어볼까요? 질투는 자아를 깔아뭉개는, 자기 비하가 반영된 감정입니다. A라는 사람이 한 결정에 대해 자신이나 B라는 사람에 대한 감정이 들어 있다고 여기거나, 나와 관련이 있다고 판단하거나, A가 내게 해주길 바랐던 일을 B에게 해주었다고 여길 때 질투가 생겨납니다.

어떤 경우든 상대방의 탓을 하는 건 무책임한 일입니다. 인간관계에서는 이런 말로 나타나죠. "네가 나처럼만 했어도 지금 너한테 화가 나진 않았을 거야." "왜 내가 바라는 사람이 돼주지 않는 거야?" 직장이라면 상사가 부하직원에게 이렇게 말하겠죠. "어째서 내가 지시한 방식대로 하지 않는 거지?" 일을 하는 데는 여러 가지 방법이 있다는 것을 이해하지 않고 말이죠.

그래서 우리는 '남 탓'을 나쁜 생각이라고, 자리에서 일어나지 못하게 만드는 생각들을 곱씹어보는 일은 시간 낭비라고 여깁니다. 그러나 살면서 장애물을 맞닥뜨려 화가 나고, 우울해지고, 효율적으로 행동하지 못하는 자신을 발견하게 된다면 그때가 바로 생각을 재조정하고 행동을 바꿀 때입니다.

우리 대부분이 자신의 화를 다룰 줄 알고 그로 인해 무력해지지 않을 수 있습니다. 우리 안에는 그런 역량이 있지만 저절로 발휘되는 건 아닙니다. 화를 안에 꽁꽁 감추고 있나요? 좌절감을 계속 품고 있나요? 숨기거나 안고 있지 말고 밖으로 내보내세요. 그것이 더욱 건강하다고 말씀드리고 싶습니다. 누군가를 상처 입히는 일이 아니라면 그 편이 화를 제거하기 훨씬 수월해집니다. 베개 하나를 꺼내 들고 힘껏 벽을 때려보세요. 아니면 소리를 질러도 좋습니다.

한계를 모르는 사람은 분노를 동력으로 삼고, 건설적으로 이용합니다. 당신이 싫어하는 상황은 어떤 것입니까? 정말로 뭔가로 인해 불쾌할 때는 언제입니까?

우리는 화가 났을 때 무엇을 할까요? 자아에 휘둘리는 사람은 화를 터트리며 모두의 흠을 잡고 사람들에게 소리를 칩니다. 하지만 자아에 휘둘리지 않는 사람은 화를 느끼면 그에 대해 조처를 취합니다. 뭐든 자신이 할 수 있는 방식으로 인식을 일깨울 수 있는 일을 합니다. 그들은 행동가입니다. 자신의 좌절감을 받아

화를 계속 품고 있지 말고
내보내는 것이 더욱 건강합니다.
베개 하나를 꺼내 들고 힘껏 벽을 때려보세요.

들이고, 현재 그 상태에서 자신이 할 수 있는 일을 합니다.

무엇이 나를 움직이는가

누구나 살면서 좌절하고 힘든 일들이 있습니다. 하지만 그것을 다루는 방식은 지금 우리의 시선이 어디를 향하느냐에 따라 다릅니다. 우리 대부분은 밖에서 동기를 부여받습니다. 다시 말해 삶의 방향과 행동이 외부의 것들로 결정된다는 말입니다.

길을 가다 낙담해서 어깨가 축 처진 사람들을 만났다고 해봅시다. 왜 그렇게 낙담해 있는지, 무엇이 잘못되었는지 물으면 넷 중 셋은 이렇게 말할 겁니다.

"누가 절 화나게 해서요."
"누가 제 마음을 상하게 해서요."
"나쁜 사람을 믿고 돈을 줬어요."
"사람들이 제게 나쁜 짓을 했어요."
"부모님이랑 잘 지낼 수가 없어요."
"부모님은 제게 좌절감을 느끼게 해요."

자신이 어째서 그렇게 되었는지 자기가 아닌 외부의 뭔가를 끌어다 설명하는 겁니다.

자, 사람이 이런 패턴에 갇혀 있다면 어떻게 벗어날까요? 자신이 낙담한 이유를 타인이나 외부 요인에서 찾으면 그다음에 하는 일 역시 타인이나 외부의 것에 의지하게 됩니다. 이때 많은 경우 외부의 대상은 '술'이 되죠. 미국만 해도 대략 1,600만 명이 알코올 남용 또는 중독 문제를 겪고 있습니다. 마약에 손을 대기도 하고, 쇼핑에 빠지기도 하고, 돈만 좇기도 하죠. 가라앉은 기분을 회복하고자 외부의 것들을 이용하는 겁니다.

외적 동기로 움직이는 사람들은 타인의 인정을 찾아 헤매고, 약이나 술을 남용하고, 핑곗거리를 찾고, 자기가 왜 그런지를 여러 사람, 상황 탓으로 돌립니다.

"너랑 같이 밥을 먹으러 다니다 보니 내가 이렇게 살이 찐 거야."
"우리나라 식품 산업이 잘못돼 있어."
"부모님이 이렇게 낳아주신걸."

늘 자기 말고 외부의 뭔가가 개입되죠. 조언을 하나 드리자면, 텔레비전과 소셜 미디어들은 이런 태도를 부추깁니다. 한 연구에서는 미국, 캐나다, 서유럽의 평균적인 아동들이 하루에 부모와 직접 커뮤니케이션을 하는 시간은 14분의 1에 불과하며 나머지 시간은 몽땅 컴퓨터나 스마트폰 앞에서 보낸다고 합니다. 무척 놀랍죠. 이제 인터넷은 아이들의 필수품이 되었습니다.

아이들은 전자기기 속에서 일어나는 모든 것을 보며 외부에서 동기를 부여받는 걸 학습하게 됩니다. 시트콤을 보세요. 타인을 어떻게 무시하는지에 관한 교훈으로 뒤범벅돼 있죠. 대부분의 프로그램에서 등장인물들은 아이건 어른이건 죄다 서로를 깎아내립니다. 그 외에도 잘난 체하는 사람, 아주 적게나마 인간의 품위를 무시하는 행위를 볼 수 있으며, 끊임없이 외적 동기를 촉진시키는 상품 광고가 숱하게 끼어듭니다.

이렇게 외부에서 동기를 부여받는 사람도 수없이 많지만, 어떤 이들은 외적 동기와 내적 동기를 모두 가지고 있습니다. 이런 사람들은 내면에 다소의 방향성을 가지고 있긴 합니다. 하지만 일이 잘못 돌아갈 때는 그 상황에 대한 책임이 자신에게 있다는 것까진 알지만 어떻게 해야 할지는 모르는 듯합니다. 그렇게 되면 옴짝달싹 못하는 기분을 느끼게 되죠.

외적 동기가 아니라 내적 동기를 기반으로 생각하도록 사고방식을 변화시켜야 합니다. 무엇을 더 나아지게 하고 싶은지 찾고, 스스로 그 일을 해보세요. 사람들과의 관계에서 독단적이고 고집이 센 편인가요? 그런 자신을 부정적으로 여기지 말고, 긍정적인 관점에서 바라보고, 현재에 집중해서 '나는 어떠하다'라는 문장을 사용해보세요. '나는 더 결단력 있는 사람이 되어가고 있어'라고 말입니다.

행동이 굼뜨다고 스스로를 질책하고 있나요? 자신에게 '그래도 난 늘 제시간에는 끝내잖아'라고 말하세요. 아이들과 함께할 시간이 충분치 않다는 사실이 슬픈가요? '난 아이들과 있을 때 진심으로 집중하고 있어'라고 스스로에게 말해주세요. 일을 마무리하지 못하고 질질 끄는 것 같은가요? 그러면 '나는 무척이나 흥미로운 이 프로젝트에 더 많은 시간을 쓸 거야'라고 확실히 말하세요.

부정적인 생각에 사로잡혀 꼼짝하지 못하고 있다면, 스스로를 결함 있는 사람으로 여기고 있다면 그런 일들에 대해 긍정적으로 말하세요. 우리는 조화로운 우주의 일부이며 새로운 선택을 통해 스스로 진화해나갑니다. 결함이 있거나 부족한 부분을 채워야 하는 존재가 아닙니다. 긍정적으로 생각하다 보면 그동안 우리를 옭아맸던 일들, 그래서 낙담하고 화가 나고 결함 있어 보이던 많은 일들이 더 이상 그렇게 보이지 않을 겁니다. 그저 자신이 한 하나의 선택으로 보일 거예요.

성장하기로 '선택'하라

저는 '선택한다'는 개념을 무척 중요하게 여깁니다. 선택에 관해 우리는 생각보다 훨씬 많은 능력을 발휘할 수 있습니다. 우리는 모두 자신의 운명을 선택하고, 통제하고, 방향 지을 수 있는 힘이 있습니다. 전 마음을 다해 그렇게 믿고 있습니다.

조물주가 그렇게 빚었든 진화의 결과든 우리는 자유의지를 가지고 있습니다. 자유의지가 단지 환상일 뿐이라는 믿음은 잔혹하다고 생각해요. 우리가 모든 것을 이미 갖고 태어났고, 누군가의 각본에 따라 살아갈 뿐이라는 말이니까요. 하지만 그렇지 않습니다. 우리는 자유의지를 가지고 있습니다. 인류의 일부로서 말입니다. 그리고 우리 개개인은 독창적이고 특별한 존재인 동시에 인류의 일부입니다.

자, 그러면 인간의 조건을 향상시키기 위해 무엇을 할 수 있을까요? 가장 중요하게 먼저 짚어야 할 점은 국적에 따른 규정은 무의미하다는 겁니다. 인간은 인간적 자질로 규정되어야지, 어딘가에 끼워 맞추거나 구분 짓는 식으로 규정되어선 안 됩니다. 성장형 사고방식을 지닌 사람들은 이를 알고 있습니다. 그들은 전체를 조망하는 시각을 갖고 있으며 이렇게 말합니다.

"우리 모두를 위해 이 지구를 더 나은 곳으로 바꿉시다. 전쟁과 살인 가능성을 제거합시다. 먹이사슬이 아닌 완전히 불필요한 살생에 대해서는, 살아 있는 존재를 죽인다는 생각조차 하지 맙시다. 모든 살아 있는 존재에겐 침해할 수 없는 권리가 있음을 알아야 합니다."

이런 사람들은 가장 고차원적인 욕구, 즉 진실에 대한 욕구와 사랑에 대한 욕구를 따라 움직입니다. '나'라는 고유성과 동시에 인류의 일부로서 존재하고자 하는 욕구, 존엄성에 관한 욕구를 중시합니다. 이들의 삶은 "오늘 뭘 하지?" "어떻게 하면 모든 걸 내 위주로 할 수 있지?" 같은 식으로 소모되지 않습니다.

진실에 대한 욕구보다 음식에 대한 욕구가 더 중요한 사람들, 누워 있는 것 말고 아무것도 하지 않는 사람들을 만나본 적이 있나요? 그러나 어떤 사람들은 진실과 아름다움과 존엄성을 빼앗기면 음식을 빼앗긴 것처럼 죽습니다. 그저 숨만 조금 더 붙어 있는 셈이죠. 깨달은 사람, 내적 동기로 움직이는 사람들입니다. 이들은 자신의 협소한 자아를 초월하고, 자연에서 탈속한 상태로 존재할 수 있습니다. 이들의 자아는 인류에게 옳은 일을 하는 것으로 구성되어 있습니다. 이런 사람이 주위에 있으면 우리 역시 더 많이 얻어내기보다는 이들과 비슷한 존재가 되게 해주는 생각을 하게 됩니다. 영향을 받는 것이죠.

이들은 혁신가이며 발견자입니다. 지금까지 사물이 이뤄져온 방식을 그대로 따르지 않습니다. 요리를 예로 들어볼까요? 각 요리마다 늘 하던 방식만을 따른다면 세상에는 오직 한 가지 요리책만 존재하고, 요리별로 단 한 가지 조리법만 존재할 겁니다. 세상에 하나뿐인 요리책은 이렇게 말하죠. "한 요리에 모든 영양소를 담아야 합니다. 한 자리에만 불을 크게 피우고, 그 위에 요리를 얹으세요. 그게 답니다." 하지만 혁신가들은 이렇게 말합니다. "음, 먼저 이 들소 껍질을 벗겨야 할 것 같아요. 팬에서 살짝만 구워보세요. 스테이크 옆쪽을 확인해보세요."

혁신가들은 시류를 거스릅니다. "아니요. 전 그렇게 해야 한다고 생각하지 않아요. 이런 식으로 해보려고 해요. 여기에 이런저런 일을 조금 더 해보려고요. 제 식대로 한번 변형해볼게요." 이들은 독창적인 것을 기꺼이 시도하고, 지금 하고 있는 일에 새로운 일을 더합니다. 이들에겐 그럴 능력이 있습니다. 이것이 바로 '창조성'입니다. 이들은 인생의 수수께끼들에 감사해합니다. 새로운 것들을 시도해보고 싶어 합니다. 늘 하던 대로 인생을 살아가지 않고 전에 한 번도 해보지 못한 일들을 좇고자 합니다.

내적 동기에 따라 움직이는 사람들, 새롭게 생각하고자 하는 사람들은 이른바 '갈등 없는 사랑'을 가지고 있습니다. 이 세상 스트레스의 제1 원인은 인간관계에서 일어나는 해소되지 않는 문제입니다. 이혼을 말하는 게 아닙니다. 이직이나 실직을 말하는 것도, 가까운 누군가를 잃는 것에 대해 말하는 것도 아닙니다. 우리는 많은 관계에서 해결되지 않는 문제를 품고 살아갑니다. 대부분이 이렇게 생각하죠. '내가 그렇게 해도 될지 모르겠어. 그렇게 해야 할지, 말아야 할지 모르겠어. 그 생각이 머릿속을 떠나지 않아. 그 사람이 바뀌면 좋겠어. 기다리고 있어. 28년이나 기다리는 중이지. 그런데 그이는 전혀 바뀐 게 없어. 어쩌면 어느 날 갑자기 나아질지도 몰라….'

28년이든 28시간이든 이런 식으로 살면 힘만 빠집니다. 그러나 '갈등 없는 사랑'을 가진 이들은 이런 식으로 생각합니다. '나는 세상을 봤고, 사랑하는 사람을 봤어. 아무 조건 없이, 갈등하지 않고, 내가 만난 사람에게 '사랑합니다'라고 말할 수 있어. 누구도 내 기대를 충족시킬 필요가 없고, 나 역시 그들의 기대에 부

응했다는 말을 듣고 싶지 않아.'

이 시험을 통과할 수 있다면 갈등 없는 사랑 속에 있는 것입니다. 그렇지 못하다면 갈등을 해소해야죠. 누군가와 화해하든, 현재의 관계를 유지하기로 하든, 지옥에서 빠져나오기로 하든 결심을 하면 더 나은 자리에 있게 되고 갈등 없는 사랑을 즐길 수 있습니다.

깨달은 사람들은 결핍이 아니라 성장이라는 동력으로 움직입니다. 우리 모두 그렇게 할 수 있습니다. 당신은 현재 자신의 결핍을 동력으로 삼고 있을 수도 있습니다. '내가 더 나아졌으면 좋겠어. 그래서 이 일을 하는 거야'라고 말입니다. 하지만 더 나아지기 위해 아플 필요는 없습니다. 성장하기 위해 자신의 나쁜 모습을 봐야 할 필요는 없다는 말입니다.

이 우주에서 모든 사물은 그렇게 존재해야 하기 때문에 그런 모습으로 존재합니다. 그러니 그것을 판단하는 일을 그만두세요. 스스로에 관해서도 마찬가지입니다. 그리고 행동하세요. 좋아하지 않는 일을 해결하고, 자신이 그에 대해 할 수 있는 게 아무것도 없다는 걸 받아들이세요. "매일이 위대한 날이다. 내가 있는 곳이 바로 멋진 곳이고, 내가 가고 있는 곳이 멋진 곳이다."라고 말하면서 인생을 꾸려나가세요. 이것이 성장 동력이라는 겁니다. 우리 모두, 지금 당장 그렇게 하기로 선택할 수 있습니다. 그리고 그 선택들이 모여 당신의 인생이 만들어집니다.

일기쓰기

마음속에서 일어나는 부정적인 말들을 긍정적인 확신의 말로 바꿔보세요. "나 완전 망했어."가 아니라 "나는 풍요로운 인생을 누리고 있어."라고, "난 내 일이 정말 싫어."가 아니라 "일이 무척이나 만족스럽고 행복해."라고 말해보세요. 이런 긍정적인 말들을 몇 가지 적어 하루 동안 그 쪽지를 잘 보이는 곳에 붙여두세요. 욕실 거울이나 컴퓨터 모니터, 자동차 대시보드 위도 괜찮아요. 이렇게 좋은 일들에만 초점을 맞추도록 뇌를 훈련시키면 삶은 그 방향으로 움직입니다.

제3장

어떤 일이 벌어지길 기대하는가

What Do You Expect?

강연을 하러 가기 전이면 주변에서 이런 말들을 듣곤 합니다.

"네 시간 동안 떠들 거라고? 끝나면 엄청 피곤하겠네. 완전히 녹초가 되겠어."

표현이 조금씩 다르지만 내용은 모두 비슷하죠. 그러면 전 이렇게 대꾸합니다.

"아니, 녹초가 되지 않을 거야. 피곤하다고 생각하지 않으니까. 내 생각을 그대로 이야기할 거니까."

많은 사람들이 새벽 2시에 잠자리에 들면서 이렇게 중얼거립니다. "이런, 벌써 2시네. 6시에 일어나야 하는데 그럼 4시간밖에 못 자잖아. 당장 자야 하는데 잠이 안 오네. 큰일이야. 내일 피곤하겠어." 그러고는 자리에서 뒤척거리며 계속 자신을 달달 볶습니다. 그러는 사이 45분이 흘러갑니다. "벌써 2시 45분이야. 어머, 3시 45분이 됐네. 4시 45분…. 6시 15분 전이야. 망했어! 난 오늘 좀비처럼 지내겠지!"

알람이 울리자마자 전날 예상한 것이 현실이 되었습니다. 정말로 몸이 축 처지고 눈꺼풀에 뭐가 씐 것 같습니다. 출근을 하자마자 이런 소리가 튀어나옵니다. "나한테 말 걸지 마. 어젯밤에 한숨도 못 잤어. 오늘 나 완전 좀비 모드야. 최악이라고."

하지만 이렇게 생각할 수도 있습니다. '좋아. 다시는 이렇게 피곤해지지 않을 거야. 지쳤다는 생각을 안 하면 돼. 몸이 쑤시거나 나른해지면 잠깐 한숨 자고 오거나, 일어나서 한 바퀴 걷고 오자. 누구도 이런 말을 듣고 싶진 않을 거니까.' 하지만 그렇게 하지 않죠. 자신이 어떤 상태인지 어떻게든 표현하려 합니다. 이게 어떤 짓인지 알고 싶다면 옆 사람에게 이렇게 물어보세요.

"실례지만, 제가 얼마나 피곤한지 아시겠어요?"

누구도 이런 말을 듣고 싶어 하진 않겠죠. 잠을 못 자서 정신이 완전히 고갈될 것 같나요? 사나흘 밤을 꼬박 새우지 않는 한 그런 일은 일어나지 않습니다. 이 사실을 인정한 다음 이렇게 말하세요. "좋아. 난 피곤할 자격 있어."

우리가 하는 예상들이 인생의 많은 부분을 결정합니다. 감기에 걸렸든, 허리가 아프든, 두통에 시달리든, 생리통이 있든, 신체적인 건강마저 결정짓기도 합니다. 이런 말, 어디선가 들어본 것 같지 않나요? "이런, 감기가 걸렸군. 이제 더 심해질 거야. 지금은 코만 막히지만 월요일이 되면 가슴이 답답해질 거고 수요일이 되면 열이 나겠지. 다음 주 목요일이나 금요일이 되어야 떨어질 거야. 이제 고작 토요일인 건 나도 아는데, 늘 그런 식이니까." 이러고 있다면 스스로 아플 준비를 미리 하고 있는 겁니다.

하지만 이제는 이렇게 말해보세요. "가벼운 감기네. 곧 지나갈 테니 너무 신경쓰지 말자. 이건 비타민C 몇 알을 먹고 좀 쉬어야 한다는 신호일 뿐이야. 내가 아프다는 걸 굳이 표현하지 않고도 충분히 견뎌낼 수 있어."

예전에 스카이다이빙을 배우는 친구를 차로 태워준 적이 있었습니다. 그날 첫 점프를 해야 했던 그는 정말로 심한 감기에 걸렸는데 일정을 미루지 못했습니다. 그는 차에서 쉴 새 없이 지금 자기가 얼마나 무서운지 이야기했습니다. 그런 곳에서 점프를 한다고, 감기 때문에 제대로 뛰지 못할 거라고 탄식했습니다. 어쨌든 전 친구를 차에서 내려주었고, 그는 두 시간 동안 점프 준비를 했습니다. 아픈데도 해야 할 게 너무 많았죠.

친구는 한 번 뛰어내렸지만 그것으로 만족하지 못했습니다. 그래서 다시 올라가 한 번 더 뛰었습니다. 그를 데리러 갔을 때 어떻게 두 번이나 뛰었냐고 물었습니다. 더 놀라웠던 건, 그의 감기가 사라졌다는 겁니다. "정말 놀라워. 진짜 대단하지 않아?" 누군가가 그의 코를 닦아준 것만 같았습니다. 그는 생각지도 않았던 것 같지만요. 감기는 그 자리에서 날아갔습니다. 그는 멀쩡했어요. 그 일은 제게도 큰 교훈을 주었습니다.

노화는 마음먹기에 달렸다

한번은 형님 부부에게 줄 유모차를 가지고 비행기를 탔습니다. 승무원이 다가와 유모차를 보더니 "손녀에게 주려고 가져가시나 봐요?"라고 물었습니다. 저는 좀 놀랐습니다. '나 정도 나이에 할아버지가 될 수 있다고 생각하는 건가?' 싶더군요. '어떻게 열네 살짜리가 할아버지가 될 수 있겠어?'

이것이 제가 저를 인식하는 방법입니다. 저 자신을 어린 소년으로 생각하고 정말로 그렇게 행동합니다. 매일 달리기를 하고, 어느 때보다 테니스를 잘 칩니다. 원하는 건 대부분 할 수 있고요. 신체 나이가 반드시 나와 동격은 아닙니다. 내가 의식적으로 인지하는 것, 그것이 나입니다. 나라고 하는 것은 눈에 보이는 형태가 없습니다. 그리고 이 지구상에서 우리가 깃들어 사는 신체는 각양각색입니다.

예를 들자면 저는 36킬로그램의 신체에 깃들어 있었습니다. 76센티미터의 키에, 머리털 한 움큼 말고는 털이 없는 신체에 깃들어 있었죠. 저는 지금까지 여러 다른 모습의 신체에서 살았습니다. 하지만 지금의 신체에 저에 관한 건 아무것도 없어요. 어느 한 시절의 모습 속에 있는 어떤 신체 세포 하나가 저인 것은 아니죠. 제 신체 세포들은 지금까지 수많은 변화를 겪어왔습니다. 그리고 전 여전히 열 살 때 했던 일들을 모두 기억하죠. 그래서 우리는 영혼을 가진 육체가 아니라 육체를 가진 영혼이라고 말할 수 있습니다.

우리는 자신이 입고 있는 육체와 동격이 아니며, 따라서 나이가 들어가는 것 역시 신체적 조건이 아니에요. 우리는 생각되는 존재입니다. 늙어가는 신체적 형태는 나의 일부일 뿐 내가 늙어가고 있는 건 아닙니다. 그건 그저 삶에서 겉으로 보이는 모습일 뿐이에요.

시간이 흐를수록 우리의 신체는 서서히 쇠약해지고, 예전에 할 수 있었던 일을 하지 못하게 되죠. 하지만 그 대부분은 생각으로 이뤄집니다. 신체에만 온 정신을 쏟으면 거기서 벌어지는 모든 일에 대해 '난 쇠약해지고 있어'라고 생각하게 되고, 그렇게 변화하게 됩니다. 하지만 신체가 아니라 생각을 나 자신으로 간주하면 절대로 쇠약해지지 않을 수 있습니다. 생각은 결코 죽일 수 없습니다. 감정을 죽일 수도 없습니다. 죽일 수 있는 건 껍데기뿐입니다. 우리가 껍데기가 아님을 알면 우리의 의식 역시 죽지 않습니다.

전 인생이라는 총체적인 활동에서 이런 기적들을 목격했습니다. 내 신체가 늙어간다는 이유로 변화해야 하는 것은 없습니다.

제 안에는 소년이 있고, 전 그 소년의 눈으로 사물을 봅니다. 승무원이 제가 들고 있는 유모차를 보고 손녀에게 줄 것이라고 생각한 것처럼, 저 역시 다른 사람의 생각에 개의치 않고 저 자신에 대해 생각할 거예요. 그 승무원의 생각은 그의 것일 뿐입니다. 전 그런 식으로 생각하지 않습니다. 그게 중요합니다. 저는 제 신체가 늙어가는 것의 그 어떤 영향도 생각하지 않습니다. 주름이 하나 더 늘어나고, 내 몸에 어떤 변화들이 일어나고 있지만 그것이 저라는 존재는 아니라고 생각합니다.

또한 인간으로서 저의 가치를 신체에 근거해 파악하지 않습니다. 신체와 관련해서는 다른 식으로 생각하죠. 어느 날 먹은 음식이 평소의 3분의 1밖에 안 되었다든가, 오늘 섭취한 당분은 모두 과일에 있는 것이라든가, 음식에 소금을 치지 않는다든가 하는 것들이요. 또 어딘가로 갈 때 차를 몰고 가지 않고 걸어서 갔다든가, 매일 몇 킬로미터씩 조깅을 한다든가 같은 것들이요. 육체가 늙어가고 있다는 공포에서 벗어나기 위해 이렇게 하는 게 아닙니다. 그래서 이런 일들을 더 주의 깊게 할 수 있죠.

이는 고차원적인 순수한 사고, 자기수용적 사고로 존재한 결과입니다. 전 저를 중요하고 의미 있는 인류로 봅니다. 사람들과 세상을 더 정련되고 애정 어린 눈길로 바라봅니다. 그래서 신체 역시 생각하는 방식에 따라 달라질 수 있다고 봅니다.

이런 식으로 세상을 생각하면 신체 역시 더욱 건강해지고 훨씬 더 잘 움직이게 됩니다. 신체의 노화 역시 태도에 달려 있습니다. 전 정말로 그렇게 생각합니다.

✣

사람들은 죽음이란 존재를 알게 된 순간부터 죽음을 준비하기 시작하는 것 같습니다. 하지만 죽음을, 질병을, 노쇠를 준비하지 않으면 우리의 신체는 노화되지 않을 겁니다. 노화를 인식해야만 노화 과정이 일어납니다. 나이가 들고 약해지는 것을 대비해야 한다는 생각에서 벗어난다면 노화 과정을 정복할 것이라고 저는 믿습니다.

우리 안에는 그 어떤 장애물도 넘어설 수 있고, 위대한 일을 할 능력이 있습니다. 《웃음의 치유력》을 쓴 노먼 커즌스는 척추 마디가 굳어지는 염증성 질환인 강직성 척추염 진단을 받았습니다. 살아남을 가능성이 500명 중 한 명이라는 이야기를 들었을 때, 그는 병에 굴복하지 않으리라고 결심했습니다.

그는 자신에게 내적 동기를 부여하기로 하고, 웃음 요법을 실천했습니다. 개인적으로는 웃음의 효과가 아직은 충분히 연구되지 않았다고 생각합니다. 웃음이 얼마나 기분을 좋아지게 하는지, 나와 사람들에게 웃어주는 것이 얼마나 치료 효과가 있는지, 삶을 지나치게 심각하게 받아들이지 않게 해주는지는 아직 증명되지 않았죠. 하지만 자신에게 너무 엄격하거나 냉정하게 대하지 마세요. 그런 태도는 정말 중요합니다.

커즌스는 가장 재미있다고 생각하는 온갖 것을 병원에 가져다 놓았습니다. 마르크스 형제(1900~1950년대까지 인기를 끈 뉴욕의 코미디언 가족—옮긴이), 애봇과 코스텔로(1940~1950년대에 인기를 끈 미국의 코미디언 듀오—옮긴이)가 나오는 영화 같은 것들을요. 커즌스는 매일 이 요란뻑적지근한 코미디 영화들을 보았습니다. 일상적으로 이런 웃음이 태도와 생각 속에 자리하면서 그는 회복되기 시작했죠. 의사들 역시 삶의 의지가 있는 환자들이 우울해하거나 삶을 포기한 환자들보다 살아남을 기회가 훨씬 더 많다고 봅니다.

의지라는 게 과연 어떤 것인지 우리는 알지 못합니다. 의지에 관한 통계 같은 건 없으니까요. 하지만 우리는 '의지의 힘'이 있다는 사실을 압니다. 아이가 차에 깔리자 차를 번쩍 들어 올리거나, 불이 난 건물에서 아이를 데리고 나오는 엄마들의 이야기를 많이 들어봤을 겁니다. 우리에게도 이런 능력이 있습니다. 다만 그 능력을 활용하지 못하고 있을 뿐입니다.

제 말은 이런 겁니다. 앞으로 더 아플지 어떨지, 병이 나를 좀먹을지 어떨지 모르지만 그래도 기본적으로 온갖 노력을 다해볼 수 있다는 거예요. 언제까지 그 병에 매여, 계속 처진 상태로 있을 건가요? 텔레비전이나 인터넷에서 감기의 증상과 심각성에 관해 말하는 건 감기약이나 비염 스프레이, 그 외에 자기들이 광고하는 물건을 팔려고 할 때입니다. 하지만 우리는 우리 자신에 대한 결정을 할 수 있습니다. 어쨌거나 우리의 몸이 곧 우리 자신인 것은 아니니까요.

스스로 건강해질 수 있다고 믿는 힘

오늘날 전 세계적으로 약은 세 가지 지점에서 사용되는 것 같습니다. A 지점은 질병을 치료할 때, 즉 건강이 나빠졌을 때입니다. B 지점은 건강이 괜찮을 때입니다. C 지점은 완벽한 건강 상태를 추구할 때입니다. 미국에서는 A 지점과 B 지점에서 약이 사용되고 있죠. 뭔가 문제가 생기지 않으면 우리는 병원에 가지 않으며, 증상이 나타나야 병원에 가서 상태를 설명합니다. "콧물이 나오고, 열도 나고, 팔도 다쳤어요." 서구에서 약은 이렇게 증상을 없애기 위해, 통증을 없애기 위해 사용되고 있습니다.

하지만 약을 다른 방식으로도 사용할 수 있습니다. 만일 쓸개가 고장 나서 제거해야 하는 상황이라면 제거 수술을 받아야 하겠죠. 하지만 B 지점(건강에 이상이 없을 때)과 C 지점(완벽한 건강을 추구할 때) 사이에 약을 사용할 수도 있습니다. 현재 미국 전역에서 예방의학, 전인의학, 행동의학, 인도주의적 약물 치료가 점점 더 확장되고 있는 걸 생각해보세요. '아픔을 없앤다'가 아니라 '더 건강해진다'의 측면에서 약을 사용하면 얼마나 더 건강해질까요?

그렇게 하면 인간으로서 우리가 기대하던 바를 이룰 수 있을까요? 하루에 비타민을 몇 알이나 드시나요? 하루 종일 운동할 수 있나요? 스무 계단을 걸어 올라가고도 숨이 차지 않나요? 길고 힘든 코스로 트래킹을 할 수 있나요? 그렇게 해도 기분이 좋은가요?

'현재의 건강을 유지하기 위한 의학medicine of being', 그러니까 사람을 치유하기 위한 전인의학적이고 인도주의적인 접근 방식은 무척이나 멋진 관점입니다. 깨어 있고 융통성 있는 사고를 하면 이런 식으로 생각할 수 있습니다. 자신이 얼마나 건강할 수 있을지를 생각하게 돼요. 어떤 증상이 생긴 걸 의사에게나 약국으로 달려가야 한다는 의미로 받아들이지 않게 됩니다. 물론 저는 의사들을 존경하며 그들이 전문가라는 사실을 의심하지 않습니다. 하지만 사람들을 신체적으로 치료해주는 것만이 아니라, 어린아이부터 나이 든 사람까지 건강하게 생각하고 행동하도록 훈련시키면 더 이점이 많다고 생각합니다.

이런 식으로 생각하도록 자녀를 기른다고 해보죠. 그러면 아이들이 정크푸드를 먹는다고 속상해하지 않을 겁니다. 아이들이 알아서 먹지 않을 테니까요. 집에 정크푸드를 둘 일도 없겠죠. 우리가 먼저 조깅하고, 걷고, 자전거를 타고, 수영을 할 겁니다. 엄청나게 건강해진 기분을 느끼게 되고, 병이 생겼는지 알레르기가 생겼는지 하는 생각을 더 이상 하지 않을 거예요. 이런 모습을 상상해보세요.

가정에서 많이 일어나는 일 중 하나는 아이들이 아플 때 보상을 해주는 거예요. 아이들이 아프면 더 관심을 가져주고, 안아주고, 학교에도 보내지 않고, 텔레비전을 보게 해주고, 평소에는 손도 못 대게 하던 탄산음료도 마실 수 있게 해줍니다. 또 아이들에게 다가가 말을 걸어주고, 이마를 짚어주고, 마사지도 해주죠. 다르게 생각하면, 아이들로서는 건강한 상태일 때가 벌을 받는 것입니다. 어떤 행동을 더 하게 만드는 방법으로서는 정확히 반대의 행동을 하고 있는 셈이죠.

건강할 때 매달 의사에게 가서 검진을 받고 아플 때 대가를 치르지 않으면 어떨까요? 의사의 일이 치료가 아니라 건강을 증진시키는 것이라면 아이들을 기를 때도 똑같은 논리를 적용할 수 있습니다. 저는 아이들이 기분이 좋지 않다거나 감기에 걸렸을 때 처음에는 이렇게 말합니다. "저런, 감기에 안 걸렸을 수도 있었을 텐데. 너무 공부를 열심히 했구나. 넌 정말이지 훌륭한 아이야. 그리고 무척 건강하지. 아빠는 네가 감기와 싸워 이길 수 있을 거란 걸 안단다. 누구나 감기에 걸릴 순 있지만 넌 안 걸릴 수 있어." 반대로 아이들이 잘해내고 있을 때는 열렬히 반응해주죠. "오늘 되게 멋져 보이는데! 엄청 팔팔하구나. 자, 네가 뭘 할 수 있는지 한번 볼까?"

이런 식으로 아프지 않고, 건강하게 만드는 겁니다. 아이들이 아픈 것을 뭘 얻어낼 기회로 여기지 않게 하려고 애쓰죠. 그러면 아이들은 자신의 능력을 인지하고 건강을 선택하는 걸 배우게 됩니다.

어렸을 때 저는 창문을 계속 열어두면 감기에 걸린다는 소리를 듣곤 했습니다. 하지만 제가 살았던 위탁 가정에는 아이들이 많았고, 감기에 걸린 아이가 늘 한둘쯤은 있었죠. 창문이 열려 있든 말든 상관없이 말이에요. 그래서 전 이렇게 말했습니다.

"스카프 부인, 전 늘 밖에 나가 있는걸요. 저는 밖에서 하키를 해요. 시속 50킬로미터나 되는 바람이 늘 분다고요. 그런데 창문을 열었다고 제가 감기에 걸릴까요? 살랑살랑 바람이 불어오면 서늘해서 잠도 더 잘 오는데요."

"음, 감기 바이러스가 공기 중에 있어서 그렇단다."

부인은 또 리놀륨 바닥에는 감기 바이러스가 있고 맨발로 다니면 바이러스가 발을 통해 들어와 코까지 올라갈 수 있다고도 했습니다. 많은 사람들이 이렇게 건강에 대해 과민하게 반응하기도 하죠.

하지만 저는 더 이상 그렇지 않습니다. 요즘에는 약간 몸이 좋지 않으면 그냥 잠시 휴식을 취합니다. 근거 없는 걱정을 하거나 그런 걱정을 누군가에게 전하지 않죠. 전 그런 문제를 제 삶에 편입시키지 않습니다. 감기를 감기 이상의 문제로 생각하지 않고 저 자신과 아이들, 지인들에게 건강에 대한 생각을 강화하려고 노력합니다.

제게 어떤 특별한 재능이 있다고 생각하는 게 아니라 환자가 되어 시간을 보내고 싶지 않을 뿐입니다. 저는 건강을 유지하기 위해 노력하고 있고, 이건 제 인생에서 무척이나 중요한 부분입니다. 당신도 저와 같은 선택을 하리라고 믿습니다. 당신도 매일 무엇을 먹고 있는지 신경 쓰고, 아픈 것을 생각하지 않으려 하고, 신체적 활동성을 유지하려고 하겠죠. 평소에 운동을 하고 건강을 유지하는 데 쓸 시간이 없다면 나중에 아픈 데 시간을 쓰게 됩니다. 그 선택은 자신의 몫입니다.

운은 타이밍이 아니라 선택

인생에서 벌어지는 일들에 대해 자신의 책임을 인정하면 어떤 상황에서도 뛰어 들어가 장미 향기를 맡을 수 있습니다. 사람들은 이렇게 말하곤 합니다. "저 친구, 엄청 운이 좋은걸." "저 사람은 타이밍이 완벽했어. 항상 딱 그 자리에 있더라니까." 그러나 이것은 태도의 문제입니다. 삶은 기대하는 바에 따라 이뤄집니다. 삶을 잘 운용하는 사람은 "내겐 늘 좋은 일만 일어나."라고 말하죠.

반대로 누군가가 차를 몰고 어떤 장소에 갔는데, 주차할 자리가 없었다고 해봅시다. 주차할 자리를 못 찾는 사람들은 늘 주차할 자리를 못 찾습니다. 놀랍게도 말이에요. 이들은 그런 일이 벌어지리라고 예상합니다. 삶을 높은 수준에서 운용하지 않는 사람들의 특징은 더 멀리 보지 못한다는 겁니다. 이들은 주차할 자리가 없을 거라고 생각하고, 실제로 주차 자리가 없는 주차장을 봅니다.

그러나 삶을 잘 운용하는 사람들은 이런 식으로 예상하죠. "내가 주차할 자리는 있어. 하지만 내가 도착했을 때 누군가가 그 자리를 차지했을 수 있겠지. 난 이기적인 사람이 아냐. 그 자리가 노상 비어 있어야 한다곤 생각하지 않아. 지금 와보니 자리가 다 찼네. 엇, 저 차 나간다." 아니나 다를까, 곧 주차할 자리가 나타납니다.

제가 말하고 싶은 건 세상만사의 본질은 주어진 상황에 대한 우리의 태도나 믿음이라는 겁니다. 삶은 우리가 하는 선택 그 이상도 그 이하도 아닙니다. 과학 수업이 싫다고, 생물 선생님과는 안 맞는다고, 공부를 못 하겠다고 말하는 수많은 아이들에게 전 이렇게 말합니다. "네 목표가 뭐니? 왜 생물 수업을 듣니? 해야 하니까 그 수업을 듣는 것 아니니? 넌 학교에 가는 걸 선택했어. 네가 그러고 싶지 않으면, 가지 않기로 결심할 수 있지. 무단결석을 할 수도 있어. 넌 뭐든 선택할 수 있어. 그 제비들 중 하나를 뽑아서 학교에 간 거야. 너는 그중에서 뭘 하고 싶은 거니?"

우리 대부분은 생물학의 달인이 될 만큼 공부하고 싶어 하진 않습니다. 그저 생물 시험에 통과하고, 낙제하지 않고, 힘든 시간을 보내고 싶지 않을 뿐이죠(물론 생물 말고 다른 과목을 배우고 싶었던 사람도 있을 겁니다). 그래서 전 다시 이렇게 말합니다.

"넌 그 선생님을 매일 만나야 하지. 그 선생님의 목표가 네 인생을 망치는 걸까? 그분이 아침에 일어나서 이렇게 생각할까? '자, 오늘 마이클을 어떻게 해볼까. 어제 마이클이 내 수업에 왔던데, 오늘 한번 그 애 인생을 망가뜨려볼까?' 네가 그런 식으로 생각하고 있다면 정말로 조금 문제가 있는 것 같구나.

네 목표는 그저 낙제하지 않고 생물 시험을 통과하는 것뿐인데, 지금 그게 얼마나 끔찍한 일인지 말하고 있구나. 매일 수업 시간을 최대로 즐겨야겠다는 선택할 수 없을까? 그냥 그 과목을 통과해야겠다고 결심하기만 하면 돼. 네 기대를 바꾸고, 책임감을 갖거라."

일기쓰기

주말인데 아내가 집 마당의 잔디를 깎으라고 말했습니다. 날은 너무 화창한데, 피곤이 급격히 몰려와 소파에서 잠이나 자고 싶습니다. 그런데 누군가가 이렇게 메시지를 보냅니다.
'오늘 밤 파티에 가지 않을래? 네가 피곤하다고 대답할 것 같긴 하지만.'
그럼 십중팔구 이런 대답이 튀어나올 겁니다.
'오, 아닌데! 나 지금 컨디션 최고야. 하나도 안 피곤해.'
정말로 흥미로운 활동이 있을 때 피곤은 언제 그랬냐는 듯 사라져버립니다. 학교 숙제 역시 마찬가지입니다. 자리에 앉지만 하품 먼저 하고 말죠. "잠이 도저히 안 깨네." 그런데 곧 친구의 전화를 받고는, 세상에서 제일 활기차게 두 시간을 떠듭니다.
당신의 일기장에 이런 일이 얼마나 일어났는지 써보세요. 그러고 나서 이 장에서 논의했던 주제들에 대해 어떻게 다른 식으로 대할지 생각해보세요. 단, 그 결과가 긍정적일 거라고 예상하면서 써보세요.

제4장

나는 정말로 누구인가

Who You Really Are

언젠가 플로리다에서 친구의 보트를 탄 적이 있습니다. 친구는 타륜 쪽에 있었고, 저는 보트 뒤로 따라오는 항적을 한참 바라보고 있었죠. 계속 바라보다가 이 항적은 보트가 지나온 길을 보여줄 뿐, 보트를 움직이는 게 아니라는 사실을 새삼 깨달았습니다. 그러자 갑자기 항적이 시시하게 느껴졌습니다. 항적은 계속 이어지는 게 아니라 아주 조금 보트 뒤를 따르다가 금세 사라져 버렸죠.

우리도 우리의 뒤에 항적을 남겨놓습니다. 그동안 우리의 삶에 포함되었던 모든 것이 흔적을 남기죠. 부모, 학교, 사회에서 우리가 배우고 경험한 모든 일이 말입니다. 하지만 인생이라는 보트를 운전하는 건 그렇게 지나간 역사가 아닙니다. 항적이 제 친구의 보트를 끌고 가는 게 아니듯 말이죠. 우리의 인생을 끌고 가는 건 지금 이 순간 우리의 에너지이지, 과거가 아닙니다. 지금까지의 경험 때문에 늘 하던 대로 해야 한다고 생각하는 건 항적이 보트를 끈다고 믿는 것만큼이나 무익합니다. 그 생각을 내려놓길 바랍니다.

항적은 보트 뒤로 따라오는 흔적 그 이상의 어떤 것도 아닙니다. 과거에서 자유로워지고 더 큰 깨달음을 얻으려면 항적 속에 있는 모든 것을 지우세요. 과거에 일어났던 일들이 나의 지금을 결정한다는 생각을 놓아 보내세요.

나 자신과 동의어가 아닌 것 여섯 가지

그동안의 역사, 그동안의 항적이 내가 아니라면 나는 무엇일까요? 일단 다음의 여섯 가지를 나 자신과 동의어로 생각하지 말아야 합니다. 이 이야기는 어쩌면 그동안 들어왔던 말과 완전히 반대되는 것일 수 있습니다.

1. 내 이름이 나는 아니다

대부분의 사람들이 이름으로 자신을 규정하고 거기에 얽매여 있습니다. 단순히 이름표에 불과할 뿐인데 말이죠. 제 이름은 '웨인'인데 마차 제조업자라는 뜻입니다. '다이어'라는 성은 17세기 영국에서 양털과 가죽을 염색하던 직업명입니다. 말 그대로 풀이하면 저는 가죽을 염색하는 마차 제조업자 정도 되겠네요. 당연히 저란 존재는 제 이름의 뜻과는 전혀 무관합니다. 이름이란 이 지구상에서 다른 형태들과 저를 구분 지을 수 있도록 주어진 것에 불과합니다. 당신도 마찬가지입니다. 당신의 이름이 곧 당신을 말하는 건 아닙니다.

2. 내 육체가 나는 아니다

언젠가 아들을 잃은 아버지와 대화를 나눈 적이 있습니다. 그는 아들이 죽은 후 의학 발전을 위해 아들의 간, 심장, 눈 등을 기증한 이야기를 했습니다. 그의 이야기를 들으며 이런 생각이 들었습니다.

'대단한 일이야. 그런데 그 신체의 주인은 누구일까?'

만일 제가 사후에 의학 발전을 위해 제 신체를 기증한다면 기증자와 기증된 신체가 존재하게 됩니다. 이때 전 기증자이지 그 신체가 아닙니다. 아마도 저는 그 신체를 소유한 사람, 그것을 아는 사람, 관찰자, 기증자 등으로 불리겠죠. 그렇습니다. "이건 내 팔이야."라고 말할 때 우리는 팔이라고 부르는 뭔가를 소유한 사람이 됩니다. 즉, 우리는 팔 자체가 아니라 팔을 '소유한' 사람입니다.

3. 내 정신이 나는 아니다

'정신'도 마찬가지입니다. 우리는 정신이 우리 자신과 동격인 것처럼 말하지만, 사실 우리는 그 정신의 소유자일 뿐입니다. 예를 들어 "오늘 아침에 대해 생각 중이야."라고 말할 때 우리는 그 생각을 하는 '사고의 주체'이지, 그 생각 자체가 아닙니다.

인도의 성인 니사르가닷타 마하라지Nisargadatta Maharaj는 정신이 곧 그 인간이냐는 질문을 받고 이렇게 대답했습니다.

"가까이 들여다보면 정신이 생각들로 소용돌이치고 있는 게 보일 것이다. 이따금 텅 비는 순간도 있을 것인데, 잠시 그랬다가 다시 평소처럼 요동치는 상태로 되돌아갈 것이다. 고요한 정신과 평화로운 정신은 같지 않다. 우리는 정신이 평화로워지길 바란다고 말하는데, 그렇다면 정신적 평화가 곧 나의 평화일까?"

정신적 평화가 나의 평화일까요? 이 책을 읽고 있는 당신이 평화로운 정신을 갖기 바랍니다. 하지만 평화로운 정신이 나의 평화를 말하는 걸까요? 우리는 사람입니다. 우리는 관찰자일 뿐입니다. 우리는 생각 그 자체가 아니라 생각을 '관찰하는 사람'입니다.

4. 내 직업이 나는 아니다

당신은 사실 엔지니어도, 교사도, 매장 점원도, 비서도, 간호사도 아닙니다. 이렇게 직업이나 역할에 따른 정체성은 오히려 진정한 자아에서 나를 멀어지게 합니다. 거듭 말하지만 이것은 나, 그러니까 성스럽고 영원불멸하며 변치 않는 나, 늘 존재하며 앞으로도 계속 존재할 나의 일부가 내 몸이 하고 있는 행동을 관찰하는 거예요. 때문에 직업으로 자신을 규정하는 건 자신의 한계를 설정해두고 '나는 어떠어떠한 일은 못 해'라고 말하는 것과 같습니다.

우리의 자유를 가로막는 문제 중 하나는 몇 년에 걸쳐 자신을 직업적 꼬리표로 국한시킨 데서 옵니다. 우리는 그것이 자기 자신이라고 믿습니다. 직업 이상을 넘어서지 못하죠. 앞서 예로 든 항적, 즉 자신의 뒤에 남기고 온 흔적 속에 머무는 겁니다. 그러나 지금까지 해온 일들은 그저 지금까지 해온 일들일 뿐입니다. 행위가 있었고, 나는 그 행위를 바라보고 있는 사람일 뿐이에요. 그것이 나입니다.

우리는 목격자입니다. 자신이 어떻게 움직이고 있는지 주시하고 있는 관찰자입니다. 자신이 했던 일이 아니라 어떻게 되고 싶은지로 시선을 돌리면 무엇이든 할 수 있는 존재가 되어 있음을 발견할 겁니다.

저 역시 저를 교사나 작가, 강연자로 생각하지 않습니다. 누군가가 "그러면 당신은 무엇인가요?"라고 물으면 당황스럽기 그지없습니다. 전 저를 특정한 역할로 규정하기보다는 뭐든 할 수 있는 존재로 바라보거든요.

5. 내가 맺은 관계가 나는 아니다

나는 내가 맺은 관계와 그 관계에 속한 사람을 관찰하고 있는 관찰자 또는 관계자일 뿐이지, 관계 자체가 아닙니다. 이 말은 어떤 관계가 끝나거나 망가지는 게 나의 실패를 의미하진 않는다는 뜻이에요.

또한 나는 내가 관계 맺은 누군가 혹은 어떤 상황이나 관계에 속한 존재가 아닙니다. 다만 내가 참여하고 있는 거대한 연극의 일원일 뿐이죠. 등장과 퇴장이 있고, 누군가는 아주 짧게 출연하고, 누군가는 오랫동안 무대 위에서 맡은 역할을 합니다. 나는 그 어떤 것도 아닙니다.

이는 잠이 들어 꿈을 꾸는 것과 비슷합니다. 내게 필요한 꿈이 무엇이든, 내게 요구된 역할이 무엇이든 내가 창조한 거예요. 그것이 곧 '나'는 아닙니다. 나는 그저 꿈속에서 하는 역할들을 만들어낼 뿐이에요. 우리는 잠에서 깨어나면 꿈속에서의 역할에 대해 뭐라고 하지 않습니다. 그 꿈에서 내가 필요한 역할을 했다는 것을 알고 있을 뿐이죠. 그 또한 '자각적 의식waking consciousness'이라고 불리는 꿈에 대해서만 진실이고요.

인생에서 해야 할 역할이 무엇이든 우리는 그 역할을 해낼 뿐, 그것이 나 자체는 아닙니다. 어떤 관계 속에 있다는 것이 나를 규정하진 않아요. 우리는 그저 그것을 관찰하고 있는 사람, 목격자일 뿐입니다.

6. 국적, 인종, 종교 등 내게 붙은 그 어떤 꼬리표도 내가 아니다

저는 미국인이 아닙니다. 흑인도, 백인도, 황인종도 아니며 기독교인이나 불교도도 아니에요. 저는 보이지 않으며 영원하고 불변하는 존재입니다. 제가 어떤 나라의 어느 자리에 있고, 어떤 종교를 믿으며, 어떤 신체적 특징을 지니고 있을 수 있지만 그것이 저는 아니에요.

우리는 이런 모든 것과 다른 독자적인 존재로서 모든 것을 관찰하는 관찰자입니다. 나의 인종적 특성, 지리적 특성, 윤리와 개성이 나와 다른 속성을 지닌 누군가보다 나 자신을 더 낫게 만들어주진 않습니다. 다만 우리 모두 특정한 신체 유형, 특정한 관행 속에 자리한 성스러움을 지니고 있으며 이런 신체적, 관행적인 특성들은 하늘로부터 받은 이력의 한 부분일 뿐이에요.

이 특성들은 그저 내가 속하고, 이 자리에서 배워나가고 있는 이력입니다. 가장 최상위 자아에 가 닿기 위한 방법론일 뿐이에요. 누군가가 다른 누군가보다 더 나을 것도 없습니다. 키가 작든 크든, 피부색이 어둡든 밝든, 뭔가를 하든 하지 못하든 간에 그것은 모두 우주의 질서 안에 있습니다. 겉으로 보이는 내 모습이 나 자신은 아닙니다. 단지 내 영혼을 잠시 주차해놓은 주차장일 뿐이죠.

✣

제가 한 이야기들을 정리하는 데 니사르가닷타 마하라지의 일화만큼 좋은 게 없을 것 같군요. 몇 년 전 친구인 디팩 초프라 Deepak Chopra를 통해 그를 알게 되었습니다. 니사르가닷타는 1980년대 초에 세상을 떠났지만 그가 남긴 글은 지금도 제게 커다란 영향을 미치고 있습니다.

어느 날 니사르가닷타의 제자 한 사람이 그에게 물었습니다.

"제 안을 들여다보고 있노라면 제가 감각하는 것, 지각하는 것, 생각, 느낌, 욕망, 공포, 기억, 기대들이 보입니다. 그 구름 속에 잠겨서 아무것도 보이지 않습니다."

니사르가닷타는 이렇게 대답했습니다.

"눈에 보이는 그 무엇도 내면의 스승이 아니다. 스승은 홀로 존재하며 나머지는 모두 그저 존재하는 것 같아 보일 뿐이다. 스승은 나 자신이며, 자유를 희망하고 확신하는 마음이니 그 스승을 찾고 좇으면 구원에 이르고 평안해질 것이다."

눈에 보이는 그 어떤 것도 내면의 스승이 아닙니다. 인식되는 것들을 인지하고, 감각으로 들어오는 것들을 느끼는 건 그와 관련된 생각과 감정, 욕망, 공포, 기억, 기대들을 경험한다는 말입니다. 이 모든 것을 경험하는 사람이 바로 내 안의 스승입니다. 바로 진정한 나 자신이죠.

이름표를 붙이지 마라

웨인 주립대학교에서 박사 과정을 마칠 무렵 밀턴 카빈스키 교수의 응용형이상학 심화 세미나 수업을 들었습니다. 카빈스키 교수는 제가 만난 최고의 스승이었죠. 수업에는 학생들이 16명 들어왔는데, 각자 자신만의 철학적 관점을 두 시간 반 동안 발표하면 카빈스키 교수가 한 시간 동안 부연 설명을 하는 식으로 진행됐습니다. 우리는 자신의 관점에 대해 매우 실용적인 방식으로 설명해야 했는데, 이를테면 "오늘 이 강의실을 나설 때 제가 이 생각들을 받아들일 수 있다면 제 삶은 그렇게 변화할 겁니다."라는 식이었죠. 이 수업은 박사 학위를 취득하는 데 필수 강의였고 대단히 멋졌습니다.

기말 시험이 다가왔습니다. 카빈스키 교수는 3시간 40분 동안 오픈 북 시험을 치를 거라고 말했습니다. 어떤 책이든, 어떤 기출 문제지든 가지고 올 수 있었어요. 학창 시절 이런 식으로 답안을 채워본 적 있나요? 자기 마음대로 그럴듯한 헛소리로 답안을 채워나가기만 하면 되는 시험, 내가 무슨 소리를 하는지도 모르는 채 끼적였다는 것을 교수는 모르는 그런 시험 말이에요. 그런데 카빈스키 교수는 그런 사람이 아니었습니다. 그는 우리가 몇 페이지를 채우든 우리가 알고 있는 것을 썼는지 모르는 걸 지껄였는지 아는 사람이었죠.

기말 시험 날이 되었고, 강의실에는 우리가 가지고 온 온갖 책들이 쌓였습니다. 10시가 되자 카빈스키 교수가 들어와 말했습니다. "1시 40분까지 쓰고, 원하는 건 뭐든 사용해도 됩니다. 이제 시험지를 나눠 주겠습니다." 그는 시험지를 나눠 주고 자리를 떴습니다. 문제는 딱 한 문장이었습니다.

'나는 누구인가Who are you?'

우리는 어리둥절해서 서로를 쳐다보고는, 가지고 온 자료들을 뒤적이기 시작했습니다.

카빈스키 교수가 형사 콜롬보처럼 어슬렁어슬렁 강의실로 되돌아왔습니다. TV에 나오는 콜롬보 형사는 늘 뭔가를 잊어버리지만, 실제로는 자신이 무엇을 하고 있는지 정확히 알고 있죠. 카빈스키 교수가 말했습니다. "아, 내가 왜 이러지…. 두 번째 시험지를 놓고 왔네. 조교에게 다 주진 않았는데 말이지…." 알다시피, 그는 모든 것을 순서대로 하고 있는 것입니다. 그러는 사이 우리는 모두 식은땀을 흘리죠.

교수가 두 번째 시험지를 나눠 주었습니다.

"여기엔 여러분이 써서는 안 될 것들이 적혀 있습니다. 여러분을 설명할 때 이 문제지에 적힌, 그러니까 여러분의 나이, 가정환경, 목표, 취미, 종교적 지향성, 정치 성향, 고향, 수입, 살면서 뭘 해야 할지 생각하고 있는 것 등을 써서는 안 됩니다. 저는 그런

나는 누구인가?

주의! 다음의 내용은 쓰면 안 됩니다.
나이, 가정환경, 목표, 취미, 종교적 지향성, 정치 성향, 고향, 수입,
살면서 뭘 해야 할지 생각하고 있는 것 등.

데엔 신경 쓰지 않아요."

두 번째 시험지에는 우리가 각자 짧은 자서전을 쓰는 데 도입부가 될 만한 것들이 무려 60가지나 언급되어 있었습니다. 그런데 그걸 쓰지 말라니요. 시험지 맨 아래에는 위대한 덴마크 신학자 쇠렌 키에르케고르의 명구가 쓰여 있었죠. '내게 꼬리표를 붙인다는 건 당신이 나를 부정한다는 말이다.'

시험지를 나눠 준 카빈스키 교수는 강의실을 나갔습니다. 그 시험은 이제까지 제가 본 것 중에 가장 어렵고도 절대 잊지 못할 내용이었죠.

우리에게 '이름표가 붙지 않은' 부분을 규정하기는 무척이나 어렵지만 일단 그렇게 하면 어마어마하게 강력한 힘이 됩니다. 그것을 영혼이든 정신이든, 뭐라고 부르든 상관없습니다. 그러면 나의 보이지 않는 부분이 실제로 인생의 모든 것을 규정하고 있음을 알게 될 겁니다. '좋아, 이런 깨달음을 어떻게 적용할 수 있을까? 인생을 원하는 대로 살아가는 데, 중요한 것들을 내 인생에 들이는 데, 관계를 나아지게 하는 데, 내가 생각했던 성공을 이루는 데 정신을 어떻게 사용할 수 있을까?'

그 순간 우리는 모든 생각이 나의 인생에서 잠재력을 발휘할 수 있음을 깨닫기 시작합니다. 그리고 내게 도움이 되지 않는 생각을 하는 것에 대해 매우 조심스러워지기 시작하고, 왜 그런 생각을 했는지 의문을 갖게 될 겁니다. 그러면 자신의 생각 안에서 벌어지는 모든 일에 스스로 책임을 느끼게 될 겁니다.

우리는 우리가 생각하는 대로 된다

앞서도 말했지만 모든 행동은 생각에서 비롯됩니다. 내가 좋아하지 않는 것에 신경을 쓰고 있으면 좋아하지 않는 일들이 내게로 다가옵니다. 여기서 핵심은 '인생에서 일어나는 문제는 모두 내가 마음속에서 경험하는 것이다'라는 점입니다. 우리는 생각으로 경험하며, 이는 어떤 일을 문제로 만들어버리도록 처리합니다.

삶에서 벌어지는 문제가 모두 내 마음속에 있는 것임을 알게 되면 그 문제에 대한 해결책 역시 마음속에 있음을 알게 됩니다. 해결책은 외부의 누군가나 뭔가에 있지 않습니다. 누군가가 당신을 가여운 처지로 내몰았다고 생각되면 그 사람을 제게 보내주세요. 제가 그 사람을 대할 테니까요. 그러면 당신의 처지가 더 나아지겠죠. 물론 말도 안 되는 소리입니다. 우리는 문제만큼이나 해결책 역시 자기 안에 있음을 압니다. 기억하세요. 힘은 늘 내 안에 있습니다.

내가 하루 종일 한 생각이 바로 나 자신이 됩니다. 예를 들어 당신이 영업사원이고 고객을 만나러 가고 있다고 해봅시다. 당신의 정신, 인간성, 성스러움, 영원성 및 당신의 모든 것(눈에 보이지 않지만 웨인이나 조, 샐리라고 불리는 포장지 속에 담겨 있는)이 부정적인 생각에 매달려 있나요? '이 일은 잘 안 될 거야.' '난 영업에 맞지 않아.' '난 이런 일에 경험이 없는데.' '이 사람은 계속 에둘러 말했고, 이번에도 결론을 안 내릴 거야.' 당신이 이렇게 생각하고 있다면 실제로 당신은 어떻게 행동하고 있을까요? 일은 생각하는 대로 이뤄집니다.

생각을 부정적인 방향으로 이끌어가지 말아야 합니다. 부정적인 것을 찾으면 늘 부정적인 것을 보게 됩니다. 세상에 인종차별이 퍼져나가는 걸 보고자 한다면 정말로 그런 모습이 보일 거예요. 반대로 인류애가 세계 구석구석 퍼져나가는 것을 보고 싶다면 역시 그런 모습을 보게 될 겁니다. 당신은 그 일부가 될 수 있어요. 의식이 모여 우리를 구성하는 겁니다.

규칙은 두 가지입니다. '우리가 생각하는 것이 확장된다.' '우리가 생각하는 것은 이미 여기에 있다.' 이건 정말로 중요합니다. 생각의 세상에서는 우리가 생각하는 것은 모두 이미 그 자리에 있습니다. 어디 다른 곳이 아니라요. 그것이 무엇이든 우리는 정신이 상상하는 것을 현실로 만들 수 있습니다. 특히 '난 저걸 할 수 없어'라는 생각이 들 때 이 사실을 떠올려보세요.

딸아이가 어렸을 때 저는 누워서 아이를 다리에 올리고 비행기를 태워주곤 했습니다. 다른 아이들도 비행기를 태워주었는데, 다들 혼자서 균형을 잘 잡았지만 딸아이는 자꾸 미끄러졌습니다. 그래서 어느 날 한 가지를 시도해보기로 했죠. 전 아이에게 이렇게 물었습니다.

"소머, 아빠 책 제목이 뭐지?"

"믿는 만큼 보인다."

"그럼 소머는 뭘 믿지?"

"난 믿어!"

"자, 아빠는 대답이 듣고 싶은데. 소머는 뭘 믿지?"

"난 믿어!"

"뭘?"

"내가 할 수 있다고!"

"그럼 소머는 스스로 균형을 잡을 수 있을까? 스스로 할 수 있다는 걸 알지? 그럴 능력이 있지?"

"응, 난 할 수 있어! 할 수 있어!"

저는 아이를 다리 위에 올리고 번쩍 들었죠. 딸아이는 아무 문제없이 혼자 균형을 잡았습니다. 소머가 한 거라곤 생각을 바꾼 것뿐이었습니다.

수영을 할 줄 아는 아이와 할 줄 모르는 아이의 차이는 무엇일까요? 아이가 수영하는 법을 알게 된 순간 전에 없던 신체적 능력이 갑자기 생긴 것일까요? 그렇지 않습니다. 아이들은 새로운 믿음을 갖고 그 믿음을 행동으로 옮긴 것뿐입니다. 자전거를 타든 뭘 하든 마찬가지예요. 생각을 바꾼 결과죠. 신체가 생각에 적응한 거라고 볼 수 있습니다.

어느 종교학자는 이렇게 말했습니다.

"당신의 마음속에 사원이 없다면 사원에서 당신의 마음을 찾을 수 없다."

우리가 생각하는 것은 외부로, 신체로 확장됩니다. 우리가 하는 모든 생각은 우리의 인간다움에 있으며, 이미 여기에 있습니다.

'기꺼이' 행동하라

생각을 현실화하려면 기꺼이 그 일을 해야만 합니다. 여기서 저는 노력해야 한다거나, 미친 듯이 애써야 한다거나, 맞서 싸워야 한다거나, 나가서 단련해야 한다고 말하지 않았습니다. 이 철학의 핵심은 '기꺼이willing'라는 단어에 있습니다.

우리는 기꺼이 그 일을 해야 합니다. 늘 기꺼이 행동하는 누군가에게 이 말은 진실이죠. 저는 고아원과 위탁 가정에서 자랐습니다. 그 시절 저와 남동생, 그곳에서 함께 지내는 아이들이 매일 즐거운 날을 보내도록 저는 '기꺼이' 행동했습니다.

나중에 《행복한 이기주의자》를 썼을 때 이런 말을 듣기도 했습니다. "아니요. 우리는 광고할 돈이 없습니다." "아니요. 우리는 선생님을 길바닥에 내보낼 순 없습니다." "아니요. 선생님은 그런 프로그램에 출연하진 못할 거예요." 살면서 저는 늘 누군가로부터 '아니요'라는 말을 들었습니다. 그럴 때면 늘 그들에게 마음 깊이 감사했어요. 그 말들이 저를 자극해 반드시 목표를 실현시키겠다는 의지를 갖게 했거든요.

저는 《행복한 이기주의자》를 펴내고 2년간 미국 각지를 다니면서 책을 팔았습니다. 모든 미국인에게 제 목소리를 들려주려면 대형 토크쇼에 출연해야 하는데, 그런 토크쇼들이 저를 초청하지 않을 거라는 말을 들었습니다. 그래서 다른 방법을 찾았습니다. 사람들에게 직접 간 거죠. 그리고 방문한 지역의 텔레비전이나 라디오 방송에 출연하려고 노력했습니다. 〈AM 콜럼버스〉, 〈굿모닝, 잭슨빌〉 같은 지역 방송들은 누군가가 새로운 아보카도 소스 조리법을 알고 있다면 곧바로 출연시킬 곳이었죠. 전 기꺼이 이런 방송에 나갔고, 책을 직접 가지고 가서 팔았습니다.

저는 제 이야기를 하기 위해 필요하다고 생각되는 건 곧바로 했습니다. 제가 정말로 애쓰고 있다든지, 어쩌면 실패할 수도 있다든지 하는 생각은 하지 않았어요. 실패란 녀석은 다른 사람들의 사설에 불과합니다. 깨어 있는 사람들은 다른 사람의 평가를 믿지 않아요. 오직 자기 내면의 긍정적인 메시지에 귀 기울일 뿐이죠.

자신을 믿는 이상주의자가 되어라

가장 고차원적인 자아의 관점에서 인생을 살아가는 건 이상일 뿐일까요? 할 수 있는 일과 할 수 없는 일에 대해 우리는 현실적으로 생각해야 할까요? 삶에는 한계가 있을 수밖에 없나요? 대부분의 사람들이 이상주의자를 비판하고 조롱합니다. "당신은 꿈만 거창한 이상주의자군요."라고 말이죠.

시인 윌리엄 블레이크는 이렇게 말했습니다.

"인식의 문이 깨끗해지면 우리 앞에 만물이 있는 그대로의 모습으로 나타날 것이다. 한계가 없는 모습으로."

당신의 현실에서 모든 사물이 무한하게 보이는 것을 상상할 수 있나요? 이런 인식을 기르면 현실은 더 이상 물리적 세상에 구애받지 않습니다. 극도로 미세한 양자 수준에서 모든 것은 그저 에너지일 뿐입니다. 이렇게 에너지만 존재하고 형상이 없는 세상에서 우리가 볼 수 있는 건 우리가 만들어내는 것뿐입니다. 인류학자 마거릿 미드Margaret Mead는 이렇게 말했습니다.

"사려 깊고 행동하는 몇몇 사람들이 세상을 바꿀 수 있음을 믿으라. 실제로 그들만이 세상을 바꾼다."

거듭 말하지만, 마음으로 확신한다면 이룰 수 있습니다. 반대로 확신하지 못하면 이뤄낼 수 없습니다. 당연하지 않나요? 멋지고 자유로운 존재가 되려면 먼저 그렇게 될 수 있다고 확신해야 합니다. "난 오직 오감으로 인지한 것들만, 그러니까 보고 듣고 만지고 맛보고 냄새 맡을 수 있는 것만 인정할 수 있어."라고 말하는 현실주의자라면 결국 만족하지 못한 상태에 머무를 겁니다.

처음 강연을 하기 위해 무대에 막 올랐을 때, 수천 명의 청중이 절 기다리고 있었고 저는 엄청나게 긴장했습니다. 하지만 단상에 올라 청중 앞에서 원고를 보지 않고 강연을 하는 제 모습을 머릿속에 그렸고, 잘 해냈습니다.

제 딸 스카이가 열두 살 때 일입니다. 아이는 처음으로 많은 청중들 앞에서 노래를 부르게 되어 연습을 하고 있었습니다. 그건 정말로 흥분되고 멋진 일이었지만 무척이나 떨리기도 했죠. 전 딸에게 물어봤습니다.

"스카이, 무척 흥분되고 긴장되지? 네가 노래 부르는 모습이 그려지니?"

"네, 진짜로 그려져요."

"그 그림을 계속 간직하고 있으렴. 나머지는, 다른 사소한 일들은 그때 가서 하면 돼."

그리고 모든 일이 멋지게 이뤄졌습니다.

당신은 평소에 이렇게 말하고 있나요? "전에 한 번도 해본 적 없는 일인 걸요. 아마 잘해내지 못할 거예요. 어쩌면 무대에서 떨어질 수도 있고, 어디에 서야 할지 잊어버릴 수도 있어요. 전 한낱 인간일 뿐인걸요." 그러면 당신은 현실주의자입니다. 당신은 자신이 한 말대로 온갖 종류의 제약에 구애받고 삶에서 자신이 의지하는 그 그림대로 될 겁니다.

제약 있는 설계도에 의존하는 건축가가 되고 싶은 사람은 없을 겁니다. 그러니 "난 이상주의자야. 세계 평화도 가능하다고 당연히 믿지."라고 말해보세요. 우리는 핵무기가 없는 세상을 만들고, 그것이 불가능하다고 믿는 사람들과 모두 평화롭게 지낼 겁니다. 이런 일이 어떻게 이뤄지는 걸까요? 우리에겐 이상주의자가 필요합니다.

토머스 에디슨은 이상주의자였습니다. "우리가 세상을 밝힐 겁니다." 그레이엄 벨 역시 이상주의자였습니다. "전화로 의사소통하는 세상이 올 겁니다." 당신이 현실주의자라면 계속 이런 말을 듣고 있을 겁니다. "그게 네 한계야."

이상주의자가 되려면 먼저 자신의 영감을 믿어야 합니다. 지금부터는 내가 나의 현실을 규정한다고 조용히 확신하세요. 이런 자기 규정은 내면의 지혜를 기반으로 합니다. 스스로를 믿을 때 나 자신을 만들어낸 진짜 지혜를 믿게 됩니다. 영감은 믿기 어려울 만큼 강력하죠. 영감이 삶을 지배하면 당신을 묶어두고 제약하고 규제하는 온갖 현실적인 비판들을 물리칠 수 있습니다.

《일상의 지혜Everyday Wisdom》에서 저는 "신에게 말을 거는 것이 기도라면 영감은 신이 우리에게 말을 걸어오는 것이다."라고 썼습니다. 이렇게 영감에서 나온 앎은 내적 동기이며 특정한 방향으로 밀어붙이는 힘으로, 우리에게 신이 말을 걸고 있는 것입니다. 이런 영감을 무시하면 그 대가를 치르게 됩니다.

누구에게나 영감을 무시했던 순간들이 있습니다. 그리고 이렇게 말하죠. "아니라고 말했어야 했는데. 그렇게 하지 말아야 했는데." 부정적이고 자아에 휘둘리는 태도에 다 맡겨버리는 거죠. 하지만 더 이상 영감을 무시할 수 없는 지점에 다다르면 그것과 싸우지 않고 신과 조화를 이루게 되죠.

'불가능하다'는 소리를 들었던 일을 할 수 있다고 믿기로 했다고 생각해봅시다. 한때 저는 제가 그림을 끔찍이도 못 그린다고 믿었습니다. 그리고 4학년 때 한 선생님이 제게 결정타를 날렸죠. "내가 본 그림 중 제일 못 그린 그림이네. 넌 그림에 소질이 없구나." 그날부터 몇 년 동안 저는 4학년 때 제 그림을 평가했던 선생님의 말, 잘못된 생각을 끌고 다녔습니다.

지금 믿고 있는 모든 것을 다시 살펴보세요. 누군가에게 전해 들었던 종교적 믿음이든, 책에서 읽은 내용이든, 내게 큰 영향을 준 누군가의 가르침이든 지금 '이게 내 생각을 닫히게 만든 것 같아'라고 여겨지는 것들을 말입니다. 그것들을 살펴보고 나면 이렇게 말하게 될 거예요. "지금 내게 불가능한 건 아무것도 없어. 이제 과거의 모든 생각을 흘려보낼 거야." 그 생각들을 쭉 적어보세요. 그러면 오늘의 당신에게 영향을 미치지 못하는 것들, 그래서 하나씩 지워나갈 만한 것들이 100가지는 될 거예요.

그런 다음 새로운 현실을 실험해보세요. 당신이 바라는 일이나 만나고 싶은 사람, 그 외에 무엇이든 비전을 마음에 품어보세요. 그리고 그것을 실현시키는 데 집중하세요. 그 일이 실현되도록 이끄는 작은 일들을 하세요. 그러면 자신이 인생의 공동 제작자가 되었음을 문득 깨달을 겁니다. 그러면 삶에서 일어나길 바라던 것을 만들어내고, 되고자 하는 사람이 될 능력이 있다고 더욱 믿게 될 거예요. 내면의 비전을 당신의 앞에, 그리고 중심에 두도록 하세요.

일기쓰기

제가 밀턴 카빈스키 교수에게 받았던 시험 문제를 풀어보세요. 세 시간 반 정도 시간을 내서, 자신이 누구인지에 대해 어떤 꼬리표도 없이 죽 써 보세요. 어떤 일이 생기나요? 이 연습 문제로 무엇이 보이나요? 어떻게 하면 인생에서 이 강력한 존재를 가장 앞에 둘 수 있을까요? 그래서 당신이 열망하는 것을 어떻게 실현할 수 있을까요?

제2부

진정한 성공은 발견하는 것

성공은 행복의 열쇠가 아니다.
행복이 성공의 열쇠도 아니다.
자신이 하는 일을 사랑하면 성공할 것이다.

_알베르트 슈바이처

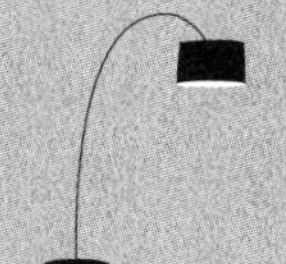

Happiness is the way

제5장

네 안의 목소리를 들어라

Consult Your Inner Signals

우리는 무척이나 자주 성공과 행복을 묶어 생각합니다. 둘 다 우리가 중요하게 생각하는 내적인 개념인 건 사실입니다. 성공이 내적인 것일 때 인생의 모든 일에서 성공할 수 있습니다. 가정에서도, 직장에서도 성공할 수 있습니다. 하지만 아이들을 제대로 길러내야만 성공인 것은 아닙니다. 거래를 마무리해야만 성공인 것도 아닙니다. 그 과정의 모든 측면에서 성공해야 합니다. 결과와 보상을 생각하는 게 아니라 자녀나 고객의 마음을 생각하는 것만으로도 성공입니다.

지금 얻는 것들에 대해 생각하는 게 아니라 깨달음의 여정을 따라가면서 발견한 것들을 즐기는 데서 성공이 찾아옵니다. 그냥 자리에서 일어나 자신이 선택한 방식으로 자기만의 인생을 온전히 살아내면, 매일이 기적이 되고 그동안 몸담았던 그 어떤 곳에서보다 훨씬 큰 성공이 찾아옵니다.

멋진 우화를 하나 들려드릴게요. 나이 많은 고양이와 어린 고양이가 한 골목에 있었습니다. 어린 고양이는 자기 꼬리를 쫓으며 계속 빙글빙글 돌고 있었어요. 늙은 고양이가 물었습니다.

"대체 뭘 하고 있니?"

"제가 고양이 철학 학교에 다니는데요. 세상에서 고양이에게 중요한 것이 두 가지 있다고 배웠어요. 하나는 행복이 가장 중요하다는 거예요. 다른 하나는 행복이 우리 꼬리에 있다는 거예요. 그래서 저는 꼬리를 계속 쫓으려고요. 꼬리를 잡으면 영원한 행복을 얻을 거예요."

나이 많은 고양이가 말했습니다.

"그렇구나. 난 너처럼 고양이 철학 학교에 다니진 못했단다. 평생 이 골목에서만 왔다 갔다 했지. 그런데 정말 놀랍구나. 나도 너와 같은 걸 배웠거든. 고양이에게 가장 중요한 게 행복이란 걸 나도 안단다. 그게 우리 꼬리에 있다는 것도 말이야. 하지만 나는 네가 네 일을 제대로 하고, 네게 중요한 일들을 하면 네가 가는 곳 어디든지 행복이 뒤따라올 거라는 사실도 알고 있지."

성공에도 이 같은 진실이 적용됩니다. 자신을 믿지 못하는 사람은 외부에서 동기를 부여받습니다. 성공도 외부에서 구할 수 있다고 믿죠. 하지만 내적 동기로 움직이는 사람은 자신과 타인을 다치게 하지 않는 한 자신에게 올바른 일을 합니다. 그렇습니다. 성공은 우리 안에서 발견하는 겁니다.

내적 동기로 움직이는 사람은 자신이 원하는 것, 중요하다고 믿는 것을 얻어내기 위해 필요하다면 기꺼이 폭압에 시달리고 권위를 견뎌냅니다. 이런 사람들은 내면의 신호에 귀 기울이고 그 목소리의 조언을 따릅니다. 모든 것을 스스로 선택하며 내면의 안내를 따릅니다. 다른 사람들이나 외부에 있는 요인들은 쳐다보지도 않습니다.

타인의 생각은 타인의 것이다

다른 사람들의 생각이란 그저 의견일 뿐임을 이해해야 합니다. 그들이 늘 가장 좋은 생각을 하는 것도 아니며 그들의 의견이 늘 진실도 아닙니다. 최소한 '나'의 진실은 아닙니다. 그것은 타인의 판단, 그 이상의 어떤 것도 아닙니다.

의견은 가치가 거의 없습니다. 다른 사람의 의견을 따르는 것은 그것이 세상을 변화시킬 때뿐입니다. 따라서 다른 사람들의 의견은 날 상처 입힐 수 없고, 날 파괴할 수 없으며, 나의 인간으로서의 가치를 떨어뜨릴 수 없습니다.

평판 역시 의견과 마찬가지로 별 의미 없는 개념입니다. 수천 명의 사람들 앞에서 강연을 한다고 해봅시다. 그러면 수천 개의 의견이 나올 겁니다. 그 사람들은 모두 다른 존재이고 당신도 그들이 어떤 사람인지 알지 못하죠. 당신의 평판도 마찬가지여서, 저마다 다른 사람들이 쏟아내는 평판은 수천 가지일 겁니다. 그리고 누군가 당신의 말을 행동에 옮기기로 결심하는 건 당신의 권한 밖입니다. 당신의 평판은 당신의 손에 있는 게 아니며 타인의 의견 속에 존재합니다.

테리 콜 휘태커Terry Cole-Whittaker가 쓴 《당신이 날 뭐라고 생각하든 나와 상관없다What You Think of Me Is None of My Business》라는 책이 있습니다. 저는 이 책의 제목에 전적으로 동의합니다. 전 제 평판에 신경 쓰지 않습니다. 관심조차 없습니다. 평판은 외부에 있는 것이고, 전적으로 다른 사람들에게 있는 것이라 저와는 관계가 없습니다. 제가 무엇을, 어느 수준에서 하든, 카네기홀에서 강연을 하든 친구들과 앉아 있든, 사람들이 저에 대해 생각하는 것은 그들의 의견이며 그들의 상황에서 판단한 것일 뿐입니다.

예전에 〈더 투나잇 쇼The Tonight Show〉(미국 NBC에서 1954년부터 방영된 심야 토크쇼—옮긴이)에 여러 번 초대 손님으로 출연했는데, 그때마다 시청자들로부터 편지를 받았습니다. 제가 농담을 하거나 재미있고 인상적인 말을 하면 이런 편지들을 받곤 했죠. "엄청 재밌는 농담이었어요. 당신은 정말 멋진 분이에요." "어떻게 그런 농담을 할 수 있죠? 하나도 재미없었어요." "당신이 한 말이 적절하다고 생각하지 않아요. 취향이 나쁘군요." 편지들은 이렇게 다 다르고, 사람들은 저에 대해 각자 다른 평가를 내리지만 그 어느 것도 제가 한 일이 아닙니다. 전 농담 한마디를 했을 뿐이에요.

이런 경험을 통해 제가 알게 된 건, 평판은 신경 쓰지 않되 제 고유한 성격은 신경 써야 한다는 점이었습니다. 제 고유한 성격에 대해 저는 책임이 있어요. 사람들이 저를 어떻게 받아들이는지는 제 책임이 아닙니다. 그건 그들의 의견이고, 그들이 그렇게 이름 붙인 것이기 때문이죠. 거듭 말하지만 그건 제 소관 밖의 일입니다. 제 손이 닿는 건 오직 저의 개성이에요. 이건 제 생각과 제 안에 존재하는 애정에서 생겨납니다. 다른 사람들이 절 어떻게 생각하는지, 그 평판에서 생겨나는 게 아니에요.

제가 낸 어떤 책에 관해 두 통의 편지를 받은 적이 있습니다. 한 통에는 자신이 읽었던 책 중에 가장 좋았고, 자기 인생을 완전히 바꿔놓았다고 쓰여 있었습니다. 그는 그 책을 읽은 후 인생에서 일어난 모든 변화를 제 공으로 돌렸어요. 다른 한 통에는 제 책이 정말 별로라서 환불하고 싶다는 내용이 쓰여 있었습니다. 저는 편지를 읽고 이렇게 했습니다. 제 책에 대한 불평을 써서 보낸 독자에게는 그날 온 멋진 편지의 사본을 보냈습니다. 그리고 제 책을 찬양하는 편지를 보낸 독자에게는 불평하는 편지의 사본을 보냈죠. 그리고 다음과 같이 덧붙였습니다. "선생님 말이 맞습니다."

이제 다른 사람들의 생각 때문에 자신을 소모하는 일이 얼마나 어리석은 짓인지 알 것 같나요? 타인의 생각은 그저 타인의 생각일 뿐입니다. 타인의 생각이라는 외적인 동기로 살아간다면 진정한 성공을 즐길 수 없습니다.

진심을 다해 '아니요'라고 말하라

누군가의 조언을 받았는데 아무 소용이 없었다고 해봅시다. 하지만 실망하거나 그 사람 탓을 하지 마세요. 당신의 생각을 다시 조정하고 자신의 선택에 대한 책임을 받아들이세요.

이를테면 주식중개인의 조언을 듣고 주식을 샀는데 주가가 하락했다고 합시다. 그 주식을 사게 한 것은 중개인의 조언이 아닙니다. 당신 자신의 조언이죠. 당신이 그의 조언을 받아들였으니 이렇게 생각해야 합니다. '나는 이 주식을 사서 빨리 돈을 벌고 싶었어. 그 중개인은 이 주식이 오를 거라고 말했지, 그걸 믿은 건 나야. 그걸 산 것도 나고. 내가 결정한 거야.' 당신은 중개인을 비난할 수 없습니다. 다른 중개인을 찾아봐야겠다는 생각이 들 수도 있겠지만, 자신이 입은 손실에 관해서는 스스로 책임을 져야 합니다.

실패나 손실처럼 부정적으로 여겨지는 일 안에는 사실 '힘'을 줄 기회가 숨어 있습니다. 어떤 문제든 해결의 씨앗은 그 문제 안에 자리하고 있죠. 치유법은 늘 그 질병 안에 있습니다. 감기에 걸리면 그 바이러스를 극복할 기회 역시 그 안에 있습니다. 알코올 중독 역시 이전에 자신을 통제하고 있던, 극복해야 할 뭔가에 관한 씨앗이 숨어 있습니다. 그렇기 때문에 알코올 중독을 치료한 뒤에는 꼭 그 일을 기념해야 합니다. 그리고 이렇게 말해야 해요. "내게 일어났던 그 어떤 일보다 대단한 일이야. 나는 도움을 구했고, 내 인생을 구했어."

나를 극도로 화나게 만든 사람(상황)에게 크게 감사하세요. 그 사람(상황)이 나 자신을 잘 살펴보는 계기가 되기 때문입니다. 우리를 통제하는 건 우리가 직시하고 있는 것이 아닙니다. 눈에 보이는 건 다룰 수 있고, 다룰 수 있다면 그다음 단계로 넘어갈 수 있습니다. 우리를 통제하는 건 우리가 직시하지 않는 것들입니다. 비만인 사람은 자신이 과잉 섭취를 한다는 사실을 직시하지 않습니다. 일 중독자는 자신이 일을 너무 많이 한다는 걸 직시하지 않습니다. 관계 문제가 있는 사람은 상대와의 문제를 직시하지 않습니다.

어떤 사람과의 관계에서 '아니요'라고 말할 수 없다면 앞으로도 그럴 겁니다. 배우자, 자녀, 가족 등 가장 사랑하는 사람들을 포함해 사람들과의 관계에서 적절한 선을 그어야 한다는 말입니다. 당신이 자신을 내던지지 않았음을 상대가 알게 해야 합니다. 그리고 상대가 내가 할 수 없는 일, 내 길과 상충되는 일을 해주길 바랄 때 '아니요'라고 말해야 합니다. 자신을 위해 소리 높여 이렇게 말해야 합니다. "아니, 난 그 일은 할 수 없어. 난 희생자가 될 수 없고 당신의 하인이 될 수도 없어. 나는 당신이 바라는 곳으로 가고, 바라는 대로 행동하는 사람이 아니야." 믿을 수 없게도, 이런 태도가 실제로 관계를 탄탄하게 해줄 겁니다.

'아니요'라는 말은 우리가 할 수 있는 무척이나 대단한 말입니다. 우리는 확신과 헌신, 애정과 신의와 존경을 담아 '아니요'라고 말해야 합니다. "당신이 나를 휘두르고 있어."라고 말하지 마세요. 대신에 자신의 헌신을 표현하세요. "당신이 내게 바라는 일에 '아니요'라고 말할 거야. 내가 할 수 없는 일이거든."

관계 자체에 대해서는 결단코 '아니요'라고 말해선 안 됩니다. 관계는 성장하고 발전하는 것이거든요. 실제로 우리 인생을 지배하고 통제하는 것은 우리가 직시하지 않는 대상들입니다. 똑바로 바라보지 않고 그저 사라져버리길 바라면서 계속 무시하고 있는 것들요. 그러나 어느 선까지 할 수 있는지 정하면 자신이 어떻든지 간에 스스로 지지할 수 있도록, 당신을 사랑하는 사람이나 그렇지 않은 사람도 당신을 지지하게끔 모든 것이 변화합니다.

어느 날 상점에 갔는데 점원에게 푸대접을 받았다고 해보죠. 우리는 그 관계에서 '아니요'라고 잘 말할 수 있습니다. "아니요. 전 이런 식의 대우를 받고 싶진 않네요. 당신은 잘하고 있지만 전 이런 말을 듣고 싶지 않아요. 환불해주세요." 그저 씩씩거리며 가게를 걸어 나와 당신이 원하는 것을 하지 못 하는 손해를 봐선 안 됩니다. 확신을 가지고, 자신에 대한 애정을 가지고 당신은 행동할 수 있습니다.

우리 안에 있는 것은 우리가 생각한 것의 결과입니다. 마주치는 모든 일에 대해 긍정적인 결과를 기대하도록 스스로를 가르치고, 나와는 다른 의견을 가진 사람들을 맞닥뜨린 상황에서 그와 같이 행동하세요. 그러면 우리 내면에 있는 것으로 반응할 기회가 생깁니다. 바로 사랑이죠.

가지지 못한 것을 나눠 줄 순 없습니다. 자신을 사랑하지 못한다면 다른 사람도 사랑할 수 없습니다. 때문에 자기애는 가장 본질적인 것입니다. 자만심을 가지고 행동하라는 것이 아닙니다. 많은 사람들이 자만심과 자기애를 혼동합니다. 스스로를 사랑한다면 자만심을 가져야 한다고 생각하죠. 자만심은 모습은 다를지언정 타인의 승인, 즉 외적 동기를 추구하는 행위입니다. 자신이 얼마나 괜찮은지 사람들이 알아주어야 스스로를 괜찮은 사람이라고 느낄 수 있다면 다른 사람들의 의견에 휘둘리게 됩니다. 사람들의 호감을 얻기 위해 스스로의 힘을 포기하는 일이죠. 자기애와는 전혀 다른 것입니다.

한계를 모르는 사람들을 저는 '자신과 연애하는 사람'이라고 부릅니다. "당신은 자신을 사랑하나요?"라고 물으면 그들은 "물론이죠. 그게 저인걸요. 어떻게 자기 자신을 사랑하지 않죠?"라고 되물을 거예요. 이미 자기애가 있는 사람이기 때문입니다. 이들은 무척이나 분주하고 자신이 어떤 사람인지, 왜 여기 있는지에 집중합니다. 이웃 사람이 무엇을 하고 있는지, 사람들이 자신에 대해 무슨 말을 하는지 모르죠. 이들은 인생에서 일어난 그 어떤 일에 대해서도 남의 탓을 하지 않습니다. 오직 자기 내면의 조언을 따릅니다. 애정에 기인한 내면의 신호 말입니다.

내 안의 사랑을 따르며 일하는 법

사랑의 보편적인 힘은 누구에게나 언제든 존재합니다. 당신이 누구인지, 어디에 있든지, 어떤 삶을 살고 있든지(멋진 단독주택에 살고 있든, 감옥에 있든, 부랑자든) 상관없습니다. 우리는 모두 성스러운 존재입니다. 성스럽고 완벽한 우주의 일부죠. 이런 사실을 마음속에 간직하면 실제로 인생에서 극적인 변화가 일어납니다. 물론 늘 좋은 쪽으로 가리라고 장담할 순 없어요. 제가 아는 건, 그저 문제에서 사랑의 길을 발견하려고 애쓴 사람들은 더 이상 그 문제를 가지고 있지 않다는 겁니다.

사랑의 보편적인 힘을 비즈니스에 끌어들이면 어떤 일이 생길까요? 비즈니스 세계에서는 일반적으로 힘의 위계가 위에서 아래로 내려가는 구조로 되어 있습니다. 꼭대기에 있는 사장에서 시작해 부사장, 임원 등을 거쳐 일반 사원과 인턴까지 내려오는 구조죠. 여기서 힘의 목적은 가급적 많이 얻어내는 겁니다. 그래서 사람들은 끊임없이 힘을 긁어모으고, 힘의 사다리를 오르고, 꼭대기까지 갑니다.

하지만 우주에는 또 다른 조직적 흐름이 있습니다. 바로 '관계'라는 흐름이죠. 이건 사랑에 관한 것이기도 합니다. 여기서 우리는 힘을 나눠 주는 존재이지, 힘을 모으는 존재가 아닙니다. 우리 모두는 같은 목표를 향해 일하며 서로를 돕습니다. 누구도 그 어떤 힘을 바라지 않죠. 내가 누군가에게 어떤 힘을 주면 곧바로 이런 대답이 돌아옵니다. "아니, 그건 내 것이 아냐." 그리고 그 힘을 넘겨줍니다.

관계는 일을 해내는 훌륭한 방식입니다. 비유하자면, 구전적인 방식으로 인생을 운용하는 것이라고 할까요? 내가 어떤 아이디어를 가지고 있다면 그걸 누군가에게 자유롭게 전달하고, 그러면 그 사람이 다시 그걸 사람들에게 전달하고…. 이런 전달 과정은 결국 전 세계에 영향을 미칩니다. 그러니 모든 사람과 관계를 맺으세요. 힘을 모으기보다는 다른 사람의 도움을 받고 관계를 통해 일하세요. 그러면 사람들은 모두가 동등하고 수평적인 흐름을 이뤄 자신이 그 흐름에 기여하고 있음을 깨닫게 됩니다. 저는 이런 방식으로 저를 바라봅니다.

저는 늘 관계를 만들고 있다는 생각으로 책 한 권, 한 권을 내고 있습니다. 앞서도 말했지만 돈을 바라고 책을 쓰지 않습니다. 글을 쓰는 게 좋고, 사람들의 삶을 변화시키는 게 좋습니다. 기업에서 강연을 할 때면 이렇게 묻곤 합니다. "여러분은 제가 말한 내용을 적용해볼 건가요?" 그러면 대개는 이런 대답이 돌아옵니다. "음, 생각 중이에요. 그런데 비용이 얼마나 들지 모르겠군요." 그러면 저는 이렇게 말합니다. "왜 이 강연을 녹음해서 직원 교육에 사용하지 않으세요? 비용이 드는 것도, 대단한 장비가 필요한 일도 아닌데요."

힘을 나누고 생각을 나누는 관계는 정말로 멋진 일입니다. 누구나 진솔하고, 멋지고, 아름다우며, 사람들의 삶의 질을 향상시키는 방법을 알고 있다면 가급적 많은 사람들에게 그 말을 들려주고 싶을 겁니다.

또한 관계는 진정한 윈윈win-win 전략이죠. 누군가가 제 강연 녹음을 듣고 친구에게 들어보라고 권한다면 그 친구는 "와 정말 좋은데! 이 사람 책도 한번 사 봐야겠어."라고 말할 기회를 갖게 되죠. 제가 의도하지 않아도 제가 한 이야기는 갑절로 불어나 되돌아옵니다.

물론 우리는 모두 생계를 꾸려나가고 돈을 벌어야 합니다. 여기에 잘못된 부분은 없습니다. 편집자, 마케팅 직원, 디자이너, 포장 직원, 창고 직원에 이르기까지 제 책이나 강연 파일을 만들어내는 사람들은 거기서 다른 것을 더 만들어냅니다. 제 책이 만들어지고 전달되는 과정에서 이런 관계에 합류하는 셈이죠. 자신이 한 일이 이렇게 다른 누군가의 삶에 영향을 미치고, 그 사람이 다른 사람에게 그에 대해 이야기하고…. 이런 식으로 끝없이 이어집니다.

관계는 이런 식으로 돌아갑니다. 자기 자신에 대해 생각하는 게 아니에요. 내가 뭔가를 주고, 더 많이 줄수록 나 역시 더 많이 받게 됩니다. 여기서 중요한 사실은 오직 준 것을 되돌려받기 위해서만 나누고 있다면 절대로 준 것만큼 돌려받지 못한다는 점입니다. 이런 사람은 마음이 결핍으로 가득 차 있어 늘 더 많은 것을 바라죠. 그러나 이미 충분히 가지고 있다고 생각하면 무척이나 감사하게 되고, 그러면 좀 모순적으로 들릴지 모르지만 삶에서 더 많은 것이 찾아옵니다.

깨달은 정신, 고차원적인 정신은 이렇게 생각합니다. "내가 가진 걸로 충분해. 내게 필요한 건 다 있고, 지금 정말 행복하고 편안하고 즐거워. 내가 돌려받은 건 그저 보너스일 뿐이야."

관계란 이런 것이며 우리도 언제든 애정에 바탕을 둔 관계를 만들 수 있습니다.

성공은 올바른 믿음에서 나온다

우리의 가치는 성취로 결정되는 것이 아닙니다. 인간으로서의 가치가 승자인지 패자인지로 결정되는 건 아니에요. 가치 있는 사람이 되기 위해 승자가 되어야만 한다고 생각하면 필연적으로

지는 사람이 나옵니다. 패자는 내가 승자가 되었는지 패자가 되었는지에 따라 결정되겠죠. 서로 협력하지 않는다면 결국 내가 패자가 됩니다.

자신이 가치 있는 사람인지 아닌지 판단하기 위해 늘 주변을 두리번거리고 있지 않나요? 그렇다면 인간으로서 자신의 가치를 다른 사람의 손에 쥐어준 것이나 마찬가지입니다. 심지어 돈도, 고객도 뺏기고 싶지 않은 사람의 손에 말이에요. 이런 외적 동기가 현재 우리의 삶을 통제하고 있습니다. 누군가가 나보다 은행에 적금 하나를 더 가지고 있다는 사실이 날 패자로 만드는 건 아닙니다.

나라는 존재는 내가 어떤 사람인지 스스로 믿고 있는 그 모습 그대로입니다. 나의 가치는 다른 어떤 것에서 나오는 게 아니라 내가 믿기로 한 생각에서 나옵니다. 우리는 모두 자신을 원하는 대로 만들어갈 역량과 의지가 있습니다. 그건 나 자신의 몫입니다. 누구도 그것을 앗아갈 수 없습니다. 자신이 원하는 바가 무엇인지 생각하세요. 그리고 그것을 선택할 수 있다고 생각하세요. 외부의 힘에 따라 방향을 결정하지 말고, 삶을 어떻게 이뤄나가야 할지 오직 자신의 목소리에만 귀 기울이세요. 이건 다른 사람들에게 잘못을 저지르는 게 아닙니다. 그러니까 다른 사람이 아프길 바라거나, 다른 사람의 권리를 침해하는 일이 아니에요.

인생에서 배워야 할 가장 중요한 건 스스로에게 공감하는 마음입니다. 각자가 고유한 존재인 동시에 세상의 일부임을 깨달아야 합니다. 우리는 모두 어떤 방식으로든 서로 관계를 맺고 있으며, 그런 한편으로 각자가 여전히 특별한 존재입니다. 이렇게 양분된 특징을 통합시켜야 합니다. '난 남자인 동시에 여자야. 난 남자와 여자가 할 수 있는 일을 다 할 능력이 있어. 그러니 여성적이거나 남성적인 일을 하고 있는지 아닌지는 고민할 필요가 없어. 나는 친절할 수도 있고 분노할 수도 있어. 올바른 믿음을 지녀야 다른 사람의 말을 들을 여유가 생기고, 나아가 그 말을 듣고 기꺼이 변화하는 존재가 될 수 있어. 나는 특별하고 고유한 존재임과 동시에 인류의 일부이기도 해.'

지금 이 순간 내가 생각하고 있는 것을 다른 누군가는 생각하지 못합니다. 누구도 내가 차지하고 있는 이 자리를 차지할 수도 없습니다. '실존주의적 고독'이란 말이 있습니다. 우리는 이 우주에서 혼자이고 그렇게 홀로 세상을 겪어나갑니다. 하지만 혼자라는 사실 때문에 낙담하거나 우울해하진 마세요. 누구도 내 머릿속에서 일어나는 생각을 전부 알지 못하며, 내가 느끼는 것을 느끼지 못하고, 내가 겪는 방식으로 겪지 못합니다. 나 말고는 말이에요.

사람으로 가득 찬 방 안에 있다고 해도 우리는 여전히 혼자입니다. 이 세상 누구보다 사랑하는 사람과 사랑을 나눠도 여전히 혼자예요. 우리는 늘 자신만의 고유하고 특별한 방식으로 사물을 경험합니다.

내면의 평화에 도달하지 못하면 자기 자신에 대한 이해에 도달할 수 없습니다. 우주에 대해, 한계를 모르는 사람이 되는 게 어떤 의미인지에 대해서도요. 이런 것들은 '얻어내는' 게 아닙니다. 내면에서 들려오는 거죠. 자신의 특별함에 주파수를 맞추세요. 그리고 내면의 신호를 알아채는 법을 배우면 진정한 성공으로 가는 길이 열릴 겁니다.

일기쓰기

지금까지 당신이 생각했던 성공이란 무엇인가요? 멋진 집? 억대 연봉? 명품 가득한 드레스룸? 최신 전자제품을 제일 먼저 사는 것? 이런 내용을 죽 써보세요. 그런 다음에는 내적 동기에 따른 성공을 그려보세요. 당신이 자기 꼬리를 쫓는 어린 고양이가 아니라면 이 새로운 그림은 어떤 모습을 하고 있나요? 그것을 써보고, 지금 어떤 형태가 마음에 와닿는지 보세요. 그게 진짜 성공의 모습입니다.

제6장

투덜이가 아니라 긍정주의자가 되어라

Be a Yaysayer, Not a Naysayer

얼마 전 친구 하나가 그 나이대 남성들이 걸리는 중증 암에 걸렸다는 사실을 알게 되었습니다. 의사는 어떤 병인지 알려주고 나서 이렇게 말했다고 합니다.

"환자분이 이 암에 쓰러질 건지, 아니면 이 암을 쓰러뜨릴 건지 생각할 시간은 딱 15초입니다. 딱 15초뿐이에요. '이럴 수가. 이럴 순 없어. 억울해'라는 생각이 든다면, 흥분되고 화가 나고 이런 일이 있을 수 없다며 '왜 나야?'라고 중얼거린다면 이 암의 피해자가 한 사람 더 늘어나겠죠. 하지만 지금 환자분이 걸린 이 병에 대응해 뭔가 할 수 있을 거라는 생각, 삶에서 가장 큰 도전일 거라는 생각이 머릿속에 조금이라도 떠오른다면 이 병을 이겨낼 기회를 갖게 될 겁니다."

친구는 이 말을 듣고 암을 이겨보겠다고 결심했습니다. 그리고 정말로 해냈습니다. 이 감동적인 이야기를 떠올릴 때마다 저는 어떤 엄청난 일이 닥쳐와도 우리에겐 극복할 힘이 있음을 깨닫습니다.

뇌는 믿어지지 않을 만큼 대단한 도구입니다. 우리의 두 귀 사이에 들어앉아 있는 이 녀석은 수조 개나 되는 세포로 구성되어 있으며, 어마어마하게 방대하고 막대한 일들을 합니다. 두뇌는 계산을 하고, 다양한 언어를 말하고, 원하는 대부분의 일들을 하는 법을 익히고 기억할 수 있습니다. 실제로 인간 뇌가 지닌 능력 전부를 갖춘 컴퓨터 한 대를 만들면 그걸 놓을 자리가 텍사스주 전체는 돼야 한다는 추산도 있습니다. 텍사스주 한쪽 끝에서 다른 한쪽 끝까지 달려본 적이 있나요? 시속 110킬로미터로 달려도 꼬박 하루가 걸리는 거리입니다. 엄청나게 크죠? 인간의 뇌가 지닌 능력은 실제로 이 정도입니다.

우리는 이렇게 엄청난 컴퓨터를 가지고 있습니다. 그런데 이걸 얼마나 사용하고 있나요? 운이 좋은 분이라면 텍사스에서 그 컴퓨터와 어깨를 나란히 하고 있겠네요. 그런데 당신은 자신의 능력을 얼마나 믿고 있나요? 뇌는 무엇이든 할 수 있습니다. 그건 우리의 의지입니다. 우리의 인생이고요. 그 컴퓨터 안에 모든 게 담겨 있고, 우리는 단지 거기서 한 조각을 사용하고 있을 뿐입니다. 이제 이 상황을 바꿀 때가 되었습니다.

저는 늘 궁금했습니다. 어째서 그토록 많은 사람들이 타고난 역량을 무시하고 매일 자신이 진창에 빠지는 걸 보고만 있는지 말입니다. 아래로 내려가고 있는 모습을 보고만 있는 건 부정적인 생각에 먹이를 주는 것이나 마찬가지입니다.

전 단 한 번도 실직 상태였던 적이 없습니다. 친인척들에게서 대공황에 관한 이야기를 들은 적도 있고, 동네 사람들에게서 그 시대가 무척이나 힘겨웠다는 소리도 들었습니다. 하지만 전 그것들을 극복하는 데 초점을 맞췄죠. 전 우리가 가진 능력에 더 집중합니다. 그동안 우리의 한계에 대해 가르쳐주려는 사람들을 수없이 만났지만 저는 한계 같은 건 믿지 않습니다.

제가 만났던 최고의 사람들, 전 그들을 '인생 긍정론자'라고 부릅니다. 그들은 사람들과 세상과 존재하는 모든 것을 좋아했습니다.

당신은 일당백 인간인가, 일당일 인간인가

젊은 시절에 몇 년간 마트 계산대 포장 점원으로 일한 적이 있습니다. 그래서인지 지금도 마트에 가면 포장 점원들의 손놀림을 유심히 봅니다. 거기에는 늘 '일당일 인간'이 있죠. 이 일당일 인간은 비닐 봉투를 벌리고, 완두콩 캔 하나를 집어 들고 살펴본 뒤에 봉투 속에 넣습니다. 그러는 동안 마트 입구에 있는 계산대는 사람들로 미어터집니다. 계산원은 돈을 받는 일에서 손을 놓고 포장대로 달려와 도와주죠. 그래도 일당일 인간은 '나를 쉬게 해주거나 도와줄 계산원은 세상에 없어'라고 생각하며 일합니다. 그에겐 아무 차이가 없죠. 그는 오직 한 가지 속도, 즉 느린 속도로 무심하게 일합니다. 이런 사람은 인생에서도 이런 태도를 취하죠.

반대로 '일당백 인간'도 있습니다. 그는 포장을 하면서 계산대 두 곳의 몫을 합니다. 이리저리 왔다 갔다 하면서 고객들에게 어떻게 해주는 게 좋으냐고 묻고 다시 움직입니다. 그러면서 무척이나 빠르고 효율적으로 포장을 하죠. 계란을 깨뜨리지도, 빵을 부서트리지도 않습니다. 포장을 다 하고 나서 고객의 쇼핑 카트 속에 내려주고는, 옆 계산대로 가서 똑같이 일하고 다시 원래 계산대로 돌아옵니다. 그의 라이벌은 그 자신뿐일 겁니다.

전 늘 일당백 인간이었고 지금도 그렇습니다. 누군가 제 채소들을 건드리게 두지 않아요. 제 방식대로 물건을 싸길 바라죠. 그것도 지금 당장 말이에요. 계산원이 다가와 도와주기 전에, 인생이 좀 더 나아지길 바라면서 그 자리에 가만히 서서 멀뚱멀뚱 누군가를 기다리고 싶진 않습니다. 전 제가 세계 최고의 포장맨이라고 자부했고, 제 손을 따라잡을 계산원은 세상에 없다고 생각했습니다. 한번은 가장 손이 빠른 포장 점원 세 사람에게 이렇게 말하며 도전했죠. "나는 하루 종일 자네들 세 명의 일을 대신할 수도 있어. 자네들이 포장할 틈은 아예 없을 거야."

이 자리에서 저는 앞서 일당일 포장 점원의 인생이 어떻게 흘러갈지 말씀드릴 수 있습니다. 그는 자기 안에 갇힌, 일당일 포장 점원으로 살아갈 겁니다. 그는 포장 일이나 그 비슷한 일을 하며 살 것이고, 집으로 돌아와 아내에게 자신이 승진에서 제외되어 기분이 무척 나쁘다고 불평할 거예요. 상사가 자신을 정말 싫어하며, 다른 사람들은 다 한 승진을 자신만 못 했고, 모두들 자기를 차별한다고, 그건 공정하지 않으며 어떻게 자기를 그렇게 대할 수 있냐고요. 그는 늘 불만에 차 있습니다. 늘 뭐가 가장 올바른 일인지 입으로만 잘 아는 사람이죠.

그는 자신이 하고 있고, 말하고 있는 바로 그렇게 될 것입니다. "모두가, 모든 일이 내 식대로 이뤄져야 해. 나는 아무 문제도 없어. 직장에서의 태도도, 내가 하는 일들도 아무 문제가 없다고. 내가 승진하지 못하는 건 모함 때문이야. 저들이 그걸 원치 않아서라고." 슬프게도 일당일 인간은 거의 변화하지 않습니다. 그는 더 나은 선택, 차이를 만들어내기 위해 삶에 책임을 지는 방법을 알지 못합니다.

반대로 일당백 사람은 어쩌면 마트 지점을 너덧 개 소유할지도 모릅니다. 최소한 그는 자신을 가만히 내버려두진 않을 거예요. 그는 성장 지향형 사고방식을 지니고 있으며 온갖 일을 시도할 겁니다. 그래서 그에겐 실직 같은 일은 일어나지 않죠. 당장 내일 일자리를 잃으면 나가서 100곳에 이력서를 돌릴 겁니다. 100번 고배를 마신다 해도 다시 100곳 더 이력서를 돌리고, 원하는 자리에 들어갈 때까지 계속 시도할 거예요. 그는 스스로 기회를 만드는 보기 드문 사람입니다.

이 두 사람의 차이가 뭘까요? 이는 많은 사람들을 혼란스럽게 하는 것 중 하나입니다. 겉보기에 똑같아 보이는 두 사람이 있습니다. 월급도 같고, 하루 동안 휴식 횟수도 같고, 나이도, 성장 환경도 같습니다. 그런데 어째서 한 사람은 일당일이 되고 다른 한 사람은 일당백이 되는 걸까요? 이런 차이는 어디에서 올까요? 기회, 재능, 교육의 차이일까요? 아닙니다. 그중 어느 것과도 관계가 없어요. 사회과학자들이 늘 찾고자 하는 그 어떤 것과도 관계가 없습니다.

두 사람의 차이는 인내, 추진력, 자신에 대한 자부심과 관계가 있습니다. 이런 자질을 가지고 있다면 그들이 뭘 하는지는 문제가 안 됩니다. 일당백인 사람은 내적인 동기로 움직이며 평화로운 마음으로 일을 해나갑니다.

공과금을 내고 좋은 직장을 얻고 가정을 꾸리는 것은 모두 대단한 일입니다만, 내면의 평화로 가는 길에 있는 일들은 아닙니다. 자녀의 진로나 다른 사람들이 하는 일에서 평화를 구한다면, 해야 한다고 여기는 일을 하고 한밑천 모으는 일로 평화를 구한다면 늘 자신의 바깥에서 충족감의 원천을 찾게 됩니다. 자신의 내면을 들여다보지 않으면 결코 평화를 찾을 수 없습니다. 다른 곳에는 없으니까요.

생활을 꾸려나가게 해주고, 삶을 좀 더 쉽고 행복하게 해줄 완전히 새로운 규칙들을 만들어야 합니다. 과거의 규칙들은 우리에게 외부에 시선을 둬야 행복해진다고 가르쳤습니다. 다른 사람들을 행복하게 해줘야 하고, 다른 사람들의 조언에 귀를 기울여야 한다고요. 하지만 내면의 평화를 바란다면 반대로 행동해야 합니다. 스스로 조언하고 행복해져야 합니다. 너무 조심스러워하지 말고요. 우리는 인생 긍정론자가 되어야 합니다.

한 번도 안 해본 일을 하라

인생을 비관하는 사람들은 미지의 것을 대단히 두려워합니다. 이들은 평소와 다른 일, 한 번도 가보지 못한 곳에 있는 걸 두려워하죠. 이들은 안전을 원합니다. 위험을 감수하고 싶어 하지 않습니다. 변화를 표상하는 것에는 투덜대고 불평합니다. 그것이 두렵기 때문이죠. 새로운 생각을 피하고 익숙한 일들만 계속하려 합니다.

또한 이들은 선입견으로 가득 차 있는데 그 선입견들은 십중팔구 현실에 근거한 것이 아닙니다. 이들은 '저기 있는 사람이 모르는 사람이라면, 새로운 일이라면 나는 즉시 거부할 거야. 너무 무서워'라는 생각을 고수합니다. 그리고 미지에 대한 공포가 되살아납니다. 이들은 새로운 마을에 가지 않습니다. 그곳에 엄청난 기회가 있다 할지라도 말이죠. 이들은 인생의 특정 시기에 직업적 변화를 시도하지 않습니다. 너무 무섭거나 실패할까 봐 걱정돼서 그렇습니다.

이들은 실패를 예상하면서 부딪치기보다는 익숙한 것을 고수합니다. 인간관계, 친구들, 심지어 레스토랑에 이르기까지 말이죠. 똑같은 곳에 가서 밥을 먹고, 고기를 같은 식으로 구워달라고 말하고, 낯선 음식은 시도조차 하지 않습니다. 그것이 싫어서가 아니라 미지의 것은 멀리해야 한다고 믿기 때문입니다.

우리 대부분은 이 정도는 아닙니다. 미지의 것을 받아들이고, 쉽게 겁을 먹거나 꼼짝달싹 못하지도 않습니다. 변화가 일어나면 그것을 효율적으로 처리하려 할 뿐 그것 때문에 낙담하진 않죠. 하지만 새로운 일을 시도하기는 해도 자기와 비슷한 생각을 갖고 비슷한 행동을 하는 사람을 주변에 둡니다. 같은 취미를 즐기고 성향이 비슷한 사람들과 어울립니다. 함께 마작을 하고, 산에 오르고, 같은 책을 읽고 영화를 봅니다.

관심사가 비슷한 사람들과 어울리는 게 잘못은 아닙니다. 하지만 '내 친구들은 나와 같은 걸 공유할 수 있는 사람들이야. 내가 가진 걸 가진 사람들이지' 같은 생각을 하고 있는 것이긴 하죠. 저는 이런 일이 바보 같다고 말하는 게 아닙니다. 그보다는 열린 자세를 가진 사람들과 스스로를 가두고 겁에 질린 사람들의 차이를 묘사하는 것뿐입니다.

한계를 모르는 사람들은 미지의 것들을 두 팔 벌려 환영합니다. 미지에 맞닥뜨렸을 때 무척이나 들뜬 듯 보이기까지 하며, 심지어 그것을 추구하는 것처럼도 보입니다. 이런 사람들에게 해야 할 일 목록 같은 건 필요 없습니다. 어떤 일이 어떻게 되어갈지 미리 알려주는 계획, 목표, 세부사항들도 필요로 하지 않습니다. 선입견을 가지고 있지 않기 때문에 어떤 사람에게 겁을 집어먹지도 않죠. 이들은 사물에 대해 마음이 열려 있으며 선입견이 없습니다.

반면에 자신을 가두는 사람은 외국어 공부 같은 건 꿈조차 못 꿉니다. "내가 외국어를 못하는 건 고등학교 때 못 배워서야."라는 식으로 말하죠. 60년, 70년 전에도 자신이 원하는 일을 스스로 개척했던, 예를 들면 새로운 언어를 배운 사람들이 있다는 걸 잊어버리고 말이에요. 깨달은 사람은 90세의 나이에도 외국어 강좌 목록을 들여다보며 이렇게 말합니다. "스페인어를 배워보고 싶구먼. 전에 한 번도 말해본 적이 없어." 그러고 나서 수업에 등록하고, 새로운 언어를 배웁니다.

이렇게 다른 사람들에 대한 이야기를 하나 더 해드릴까요? 남자 둘이 뉴델리에 갔습니다. 웨이터가 메뉴판을 건네주며 추천 메뉴가 소 혓바닥 샌드위치라고 말해주었습니다. 그러자 한 남자가 이렇게 말합니다.

"소 혀라니! 으윽, 메스꺼워."

다른 한 남자는 이렇게 말합니다.

"소 혀네. 전에 먹어본 적이 없는 건데. 전 소 혀 샌드위치 더블로 할게요."

"윽, 메스꺼워. 어떻게 그걸 먹나? 생각만 해도 속이 울렁거리는데. 어떻게 문명인이 그런 음식을 먹을 수 있는지 모르겠군."

그러자 웨이터가 이렇게 말합니다.

"그럼 손님은 무엇을 드시겠습니까?"

"늘 먹던 걸로 할게요. 달걀 샐러드 샌드위치 하나, 마요네즈 듬뿍 쳐서요."

평생 동안 미지의 것과 수수께끼들을 탐구했던 아인슈타인은 이렇게 말했습니다.

"우리가 경험할 수 있는 가장 아름다운 일은 수수께끼에 있다."

진보는 미지를 탐구하는 일에서 나옵니다. 대항해 시대, 미지의 것을 두려워하는 사람들만 배를 타고 있었다면 어떻게 되었을까요? 그들은 아마 이렇게 말했을 겁니다. "아, 이런. 당신이 날 속였어. 난 이 배를 떠나지 않을 거야. 지구 끝에서 안 내릴 거라고." 그들은 결코 이렇게 말하지 않았을 겁니다. "어쩌면 여기가 지구 끝은 아닐 거야. 지구 끝이 어딘지 찾으러 가볼까?" 늘 하던 대로 하면 진보는 일어나지 않습니다. 지금 있는 자리, 익숙한 것을 고수하거나 새로운 것을 시도조차 하지 않는다면 성장은 당연히 불가능합니다.

한계를 모르는 사람은 미지의 대상에 들뜹니다. 어떻게 하면

호텔에 갔는데 잘 방이 없다면, 일단 나오세요.
'뭐라고? 미쳤군.'
이런 생각이 드나요? 하지만 해보세요.
어디로 가든 괜찮다고 생각하면서요.
무엇이든 평소 하던 것과 다른 방법으로 해보겠다고 다짐하세요.

우리도 그렇게 될까요? 지도 없이 여행을 해보는 것도 괜찮겠죠. 호텔에 갔는데 잘 방이 없다면, 일단 나오세요. 차에서 잘 수도 있고 별빛 아래 비박을 할 수도 있습니다. 아니면 계속 서쪽으로, 그러니까 방향을 틀어야 할 때는 무조건 서쪽으로 가는 겁니다. '뭐라고? 미쳤군.' 이런 생각이 드나요? 하지만 해보세요. 어디로 가든 괜찮다고 생각하면서요.

공원을 맨발로 걸어보세요. 해변에서 누워보세요. 무엇이든 평소 하던 것과 다른 방법으로 하겠다고 다짐하세요. 휴가를 보내는 방법을 바꿔보세요. 20년 동안 매년 가던 그 장소, 그 호텔, 그 호텔 방, 그 침대로 가지 마세요.

어떤 사람들은 평생 미지의 대상을 피하면서 삽니다. 이들은 스스로 잘되어 가고 있다고 느끼지만 마음의 평화를 느끼진 못합니다. 새로운 시도를 기꺼워하지 않는다면 평생 느낄 수 없습니다.

성공은 이미 우리 안에 있는 것

한계를 모르는 사람이 파티에 갔다고 합시다. 그런데 자기만 평상복을 입고 나머지는 모두 정장을 차려 입고 있었습니다. 그는 어떻게 할까요? 아마 그는 그 사실을 알아차리지도 못할 거예요. 겉으로 보이는 모습에 신경 쓰지 않으니까요. 그러니까 다른 사람들이 뭘 입고 있는지, 자기가 어떻게 보이는지 전혀 신경 쓰지 않을 겁니다. 이들에게 당신의 복장은 당신이 입은 옷일 뿐입니다.

하지만 우리 대부분은 옷차림에 대해 느끼는 감정을 바탕으로 옷을 입습니다. 공식 석상에 테니스화를 신거나 샅바를 매고 나가지는 않겠죠. 자신이 어떤 사람인지에 대한 이미지를 사람들에게 전달하려고 하는 건 다른 사람의 생각에 통제당하고 있다는 뜻입니다.

여기에서 중요한 개념은 내적 동기입니다. 한계를 모르는 사람은 다른 사람의 말, 생각, 감정, 행동, 복장에 따라 옷을 입지 않습니다. 자신에게 적당하다고 여겨지는 옷을 입죠. 그들은 이렇게 말하지 않습니다. "오, 너 오늘 청바지 입고 왔구나. 난 아닌데." "이런, 집에 가서 다른 사람들이 입은 것처럼 옷 갈아입고 와야겠네." 그들은 그 사실을 신경 쓰지 않기 때문에 다른 누군가가 그 사실을 지적하게 됩니다.

이른바 전문가들의 말, 권위 있는 사람들이 옷차림에 관해 하는 말은 무척이나 다릅니다. 적절한 복장을 하지 않는다면 나가지 말라고 말이죠.

제 인생에 이런 것들은 그리 큰 영향을 끼치진 않았습니다. 그러니까 어딘가에 갔는데 저 혼자만 남다른 옷차림을 하고 있다고 해도 제가 거기 모인 사람들을 신경 쓰지 않았다는 말입니다.

전 충분히 음식을 맛있게 먹고 그 자리가 파한 뒤 나왔습니다. 사실은 이제껏 살아오면서 어디서든 이런 것들이 중요하다는 눈치를 받은 적이 별로 없습니다.

기억하세요. 사랑을 좇으면 그 사랑은 우리를 피해 다닙니다. 행복을 좇으면 그 행복은 우리를 피해 다닙니다. 하지만 내가 그렇게 '되면' 거기에 그것이 존재하게 됩니다. 우리는 사랑 또는 행복을 가지고 있는 것이 아니라 사랑 또는 행복이 우리를 가지고 있는 겁니다. 이런 자기애 혹은 자아 수용이라는 개념을 이해해야 내가 어떤 이유에서 무엇을 할 때 그것이 나를 찾아오게 된다는 생각을 할 수 있습니다. 내가 그것을 찾아가는 것이 아니라요.

우리가 가진 이미지들은 사고방식에서 나옵니다. 이런 이미지들이 우리의 행동을 만들고, 어떤 일이 이뤄질 거라고 생각하는 한 우리는 다른 일들을 대비하지 않게 됩니다. 이것이 행동의 전제입니다. 깨달은 사람이 되고 싶다면 이 사실은 무척이나 중요합니다. 일이 이뤄진다고 믿으면 기회를 볼 수 있습니다. 믿지 않으면 장애물만 보이겠죠.

열심히 일하고 모든 일을 올바로 하는 사람들이 많은 돈을 벌고 성공한다고 생각하지 않습니다. 오히려 거꾸로 생각합니다. 성공한 사람이 뭘 하든 많은 돈을 벌고, 많은 친구를 사귀고, 모든 일을 해낸다고 말이죠. 성공한 사람은 자기 안에 성공을 가지고 있는 사람이니까요. 거듭 말하지만 그건 자기 자신에게 달려 있습니다.

일기쓰기

당신이 불평하고 투덜댈 때 어떻게 말하고 행동하는지 적어보세요. 늘 하고 싶지만 두려운 일은 무엇인가요? 그리고 마음이 정말로 원하는 일에 '그렇다'고 말하면 어떤 일이 일어날지 써보세요.

제7장

깨달음의 본보기들

Models of Enlightenment

뉴욕에 살 때 일입니다. 메모리얼 데이(5월 마지막 월요일로 공휴일이다—옮긴이)에 존스 해변에 갔습니다. 5월 말에는 롱아일랜드의 기온이 늘 30도가 넘었으니 날이 더울 거라고 생각했죠.

한계를 모르는 사람의 가장 전형적인 예로, 겨울 내내 집 안에 갇혀 있던 아이들보다 더한 예는 없습니다. 아이들은 물에 들어가서 놀 수 있는 곳은 여기뿐이라는 걸 알고 있었습니다. 여기서 실컷 놀지 못하면 집으로 돌아가 고작 목욕탕 욕조에서 놀 수 있을 뿐이니까요. 겨울 내내 그랬던 것처럼 말이에요.

반대로 부모인 저와 아내의 입장에서는 아직 차가울지 모를

수온이 신경 쓰였습니다. "한 달 전엔 꽝꽝 얼어 있었는데. 물이 좀 차갑지 않을까?" 우리는 물이 차가운지 계속 신경이 쓰였습니다. 25도가 넘는 날씨에 모두 둘러앉아 즐겁게 도시락을 먹으면서 말이죠.

아이들은 물이 차가운지 따뜻한지조차 모릅니다. 입술이 새파래져도 개의치 않습니다. 지금 물에서 놀고 있으니까요. 그저 즐겁고 신이 날 뿐입니다. 얼마나 추운지, 나중에 감기로 고생할 수도 있다는 생각은 하지 않습니다. 그저 최고로 즐거운 시간이죠. 부모 역시 아이들에게 즐거운 시간이 될 거라고 생각하지만 입으로는 이렇게 말하죠. "애들 좀 봐. 아직 물이 차가울 텐데 나오질 않네. 정말 대단해."

하지만 대단한 건 누구일까요? 아이들은 자유롭고 활발하게 뛰놀며 스스로 즐기고 있는 반면, 부모들의 화법은 그날 그 순간, 그 특별한 장소를 즐길 수 없게 가로막고 있습니다.

아이들은 긍정적인 태도가 지닌 힘을 본능적으로 압니다. 해변에서 신나게 놀며 즐거운 날을 보낼 거라고 생각하면 정확히 그렇게 된다는 것을 말이에요. 아이들은 손상되지 않은 창조성으로 넘치며 모든 것이 짜릿한 자유로운 영혼을 지니고 있습니다. 우리 역시 자기 안의 소년 소녀를 해방시켜 우리에게 주어진 특별한 순간을 즐겨야 합니다.

행복한 유년 시절을 갖기에 늦은 때란 없다

'내 안의 아이를 해방시켜라'는 말이 어떤 이들에게는 불편할 수도 있습니다. 어린 시절이 행복하지 않았다면 그 시절이 현재의 자의식을 장악하고 있다는 사실을 깨달아야 합니다. 이제 성인이 되었다면 자기 인생에서 할 수도 있었던 것과 할 수 없었던 것, 할 수 있는 것과 할 수 없는 것에 대해 부모님 탓을 하는 걸 그만둘 때가 되었습니다.

전 수년간 사람들을 가르치는 일을 했습니다. 그래서 배우고 싶지 않은 사람, 배우길 거부하는 사람에게는 영문학이든 대수학이든 뭐든 못 가르친다는 사실을 알고 있죠. 대놓고 학대하는 사람이 아닌 이상 누구도 한 사람의 유년기를 앗아갈 수 없습니다. 물론 이 이야기는 제가 지금 말하고 있는 것과는 완전히 다른 주제이지만요.

어린 시절 부모님이 하고 싶은 일을 못 하게 가로막았다고 생각된다면 이제 그 일에 대한 책임감을 되찾아올 때가 되었습니다. 전 내담자들에게 이렇게 말합니다.

"그때 당신은 아버지(엄마, 할아버지, 할머니)를 어떻게 대하는 게 효과적이었을지 몰랐습니다. 무엇 때문에 아버지에게 그런 감정을 느꼈는지조차 몰랐을 거예요. 그때 당신은 아이였고, 그는 어른이었으며, 규칙은 모두 그가 정했죠. 하지만 이제는 아버지에게 어떤 감정을 느낄지 스스로 결정할 수 있습니다."

여전히 많은 사람들이 단순히 잘못된 것이 무엇인지 살펴보려고 합니다. 심리상담사를 찾아가고, 친구들에게 털어놓고, 일이 왜 잘 안 풀리는지 온갖 이유를 찾아내죠. 전 사람들과 함께 작업을 해나가면서 대부분 자기 삶에 대해 스스로 책임을 지기보다는 온갖 변명거리를 찾고 있음을 깨달았습니다. 그래서 내담자들에게 이렇게 강조했죠.

"그때 당신이 아이였다고 할지라도 선택을 할 수 있습니다. 학교에서 어떤 선생님의 반에 50명의 아이들이 있다고 해봅시다. 그중에는 늘 그 선생님에 대해 여타 아이들과는 다르게 반응하는, 다른 선택을 하는 아이들이 있어요. 선생님의 말에 휘둘리지 않고, 피해의식을 느끼지 않고, 괴롭힘을 당하고 있다고 여기지 않는 아이들이 있죠. 이런 아이들은 인생 초기에 자신이 믿는 바를 위해 견뎌냅니다. 이것이 선택입니다. 그때 당신은 어떻게 다른 선택을 할 수 있을지 몰랐을 수도 있어요. 너무 두려워서, 용기가 없어서일 수도 있죠. 하지만 이건 인간으로서 자신이 어떤 사람인지에 대한 책임을 지는 것, 그리고 살아가면서 그것을 적용하는 것에 대한 아주 중요한 문제입니다."

주변에 자녀가 여럿 있는 가족들을 보면, 그 아이들 중에는 어떤 일이 생기든 상관없이 어떻게 하면 행복한 유년 시절을 보낼 수 있는지 아는 아이들이 있습니다. 누가 봐도 안 좋은 상황, 누군가의 부당한 통제를 받는 상황에서도 이 아이들은 잘 자랍니다. 전 그런 경우를 잘 알고 있습니다. 전 아버지가 누군지도 모른 채 고아원과 위탁 가정에서 자랐습니다. 하지만 그 환경들이 절 쓰러뜨리게 두지 않았고 멋진 인생을 살고 있었죠. 제게 특별한 건 아무것도 없었습니다. 누구나 과거의 지나간 항적에서 시선을 뗄 수 있습니다.

인생 전체를 거슬러 올라가 자신의 대응에 대해 책임감을 갖는 것이 중요하다고 저는 생각합니다. 부모님의 영향이 중요하지 않다거나, 부모님이 아이에게 의미 있는 영향을 끼칠 수 없다고 말하는 게 아닙니다. 다만 비난하는 심정으로 과거를 돌이켜 보는 것은 자신에게 좋은 점이 전혀 없다는 말입니다. 책임감을 가지고 과거를 바라보세요. 그러면 멋진 현재를 누리는 방향으로 태도를 변화시킬 수 있습니다.

행복한 유년 시절을 갖기에 늦은 때란 없습니다. 절대요! 자신의 유년 시절이 싫다면 이제 고치면 됩니다. "난 어릴 적 놀이동산에 한 번도 가보지 못했어."라고 말하고 싶은가요? 많은 사람들이 예순여덟 살이 되어도 하고 싶은 일을 하지 못하고 여전히 그 주위를 맴돕니다. 놀이동산에 가고 싶은데 만일 당신이 세 살이나 여섯 살이라면 혼자서 갈 수 없겠죠. 하지만 지금 당신이 놀이동산에 가는 걸 막을 건 아무것도 없습니다. 활짝 열려 있어요. 입장료만 내면 들여보내 줍니다. 당신은 원하는 건 뭐든 할 수 있습니다. 이 생각이 제일 중요합니다.

한 내담자가 제게 이런 말을 했습니다.

누구나 과거의 지나간 항적에서
시선을 뗄 수 있습니다.
멋진 현재를 누리는 방향으로
태도를 변화시킬 수 있습니다.

"엄마는 자전거를 못 타게 했어요. 뒷동산에서 구르는 것도 절대 허락하지 않았고, 제가 먼지투성이가 되면 질색했죠."

"알겠어요. 지금 여기에는 흙먼지 날리는 뒷동산도 있고, 자전거도 있어요. 지금 뭐든 할 수 있는데 그때로 되돌아가길 바라는군요."

"전 자전거 타는 법이나 가르쳐달라고 여기 온 게 아니에요!"

"당신이 자전거 타는 법을 모르는 건, 자전거에 올라타서 시행착오를 겪으며 나아가지 않고, 어떤 것도 배우려고 하지 않았기 때문이란 걸 알려드리는 겁니다. 엄마 탓을 하는 걸 그만두면 이제부터 엄마에게서 벗어나 인생을 꾸리고, 앞으로 나아가고, 뭐든 할 수 있게 돼요. 제가 아이였을 때도 엄마는 물론 온갖 어른들이 자전거를 못 타게 했습니다. 자전거를 배울 기회는 전혀 없었죠. 당신도 그랬군요. 하지만 당신은 과거에 머물러 있고, 전 자전거를 탔어요. 그렇게 자전거를 타게 되었죠."

자신의 삶, 자신의 선택에 책임을 져야 합니다. 스스로 대응하는 법을 배우면 끝없이 심리치료를 받으면서 자기가 배변 훈련을 왜 그렇게 힘들게 했는지, 엄마가 여동생을 왜 더 사랑했는지, 왜 내 인생에서 원하는 건 다 없는지 온갖 변명거리들의 원인을 밝혀내기 위해 깊이 있게 분석받을 필요가 없어집니다.

숱하게 부모님을 탓해봐야 우리에게 좋을 게 없습니다. "부모님은 정말 옛날 사람이었어." "수많은 규칙을 세우고 날 얽어맸어." "정말 엄격한 분들이었어." "우리 세대가 뭘 좋아하는지 모르셔." 지금 당신에게 있는 것, 당신이 있는 곳을 살펴보세요. 인생에서 원하는 것들을 얻어내고 갈등을 겪지 않으려면 어떻게 해야 할까요? 과거의 놓친 것들에서 시선을 돌리고, 다른 사람을 탓하는 걸 그만두세요. 부모님은 부모님 식대로 사는 것뿐입니다. 그리고 이건 당신의 인생이에요.

아이는 스스로 행동할 때 성장한다

부모로서 아이의 자립심을 키워주고 싶다면 어떻게 해야 할까요? 아이에게 목적의식을 갖게 해주는 것이 부모의 임무 중 하나입니다. 하지만 당신이 그걸 줄 순 없어요. 특히 아이가 10대라면 부모로서 해줄 수 있는 가장 좋은 일은 '행동의 본보기'가 되어 아이 스스로 깨우치게 하는 것입니다. 기억하세요. 사람들이 나를 대하는 방식은 내가 그들에게 일러준 대로라는 것을. 그러니 인생에서 단 한 순간이라도 다른 사람이 당신을 함부로 대하게 두지 마세요.

부모인 당신이 아이들을 도와주고, 대화를 나누고, 당신이 하는 행동을 설명해주기 위해 그 자리에 있다는 걸 분명하게 알려주세요. 살아가는 모습을 통해 당신이 어떤 사람인지 알게 해주세요. 말로 하거나 아이들에게 뭘 하라고 지시하는 것이 아니라요. 이것이 중요합니다. 예를 들어 아이가 형편없는 성적표를 들고 집에 오는 게 당신이 그날 하루를 망칠 이유가 될까요? 그게 누구의 문제인지 스스로 물어보세요. 어째서 아이의 성적표에 화를 내며 자신의 문제로 만드는 건가요?

누구에게도 상대를 무시하거나 상대가 원하는 일을 허락할 자격은 없습니다. 부모이기에 그런 엄격한 권한을 가진 듯이 행동할 수도 있겠죠. 그러나 반대로 아이들이 스스로 답을 찾을 수 있도록 도와줄 수도 있을 겁니다. 절대 해서는 안 될 일은 당신이 모든 걸 다 해주고, 스스로 인생을 힘들게 만드는 겁니다. 아이들의 행동은 아이들의 몫임을 가르쳐주고, 당신은 그저 양육자로 남는 걸 택하세요.

부모들이 제게 와서 자녀가 자기를 무시한다고 말하면 저는 아이들을 어떻게 대하느냐고 묻습니다. 대개는 아이들의 점심을 만들어주고, 빨래를 해주고, 모든 일을 해줍니다. 아이가 당신에게 비속어로 말하는데 '아, 얘가 사춘기구나…. 도시락을 싸줘야지. 스포츠센터에 갈 때 데려다줘야지. 학교가 끝나면 데리러 가야지.'라고 생각하며 반응한다고 해봅시다. 아이가 뭣 때문에 태도를 바꿀까요?

대신 아이에게 이런 식으로 말할 수 있습니다. "나를 존경하라거나 좋은 말을 쓰라고 강요할 순 없지만 그런 식으로 행동하면 나도 네게 좋은 대접을 해주진 않을 거야. 그런 식으로 행동하고 싶으면 내가 없을 때 해. 난 언제까지고 널 기다려주는 사람도 아니고, 네 하인도 아니란다."

아이들은 직접 행동을 하면서 배워야 합니다. 누군가가 자기를 위해 대신 해주는 것이 아니라요. 아이가 아홉 살이 넘었는데도 빨래를 해주고 있다면 왜 그렇게 해주고 있는지 설명해야 합니다. 아홉 살이면 충분히 세탁기와 건조기를 사용할 수 있는 나이입니다. 무척이나 간단하고 사소한 일이죠. 8년 동안 당신이 빨래를 해주었으니 이제 8년 동안은 아이들이 당신을 위해 그 일을 해야 합니다. 그리고 앞으로 함께 살아가는 동안에 어떻게 그 일을 해나갈지 결정하세요. 그게 타당하지 않나요?

아이에게 뭘 해줘야 한다는 생각이 들면 이런 사실을 기억하세요. 당신은 아이의 노예가 아닙니다. 당신은 아이를 위해 희생될 이유가 없으며 당신의 삶을 희생할 이유도 없습니다. 당신이 해줘야 할 일은 사랑의 본보기가 돼주고, 자기가 처한 상황에 책임을 지는 인간, 자녀가 아니라 인간으로서 의미와 의무감을 가진 사람으로 길러주는 것입니다.

아이가 당신에게서 그런 모습을 본다면 자연스럽게 그 길을 따를 겁니다. 독립심을 키워준다면 당신에게 기대지 않을 거예요. 아이들은 스스로 시도하고 시행착오를 겪으면서 건강한 인간으로 자라날 겁니다. 나쁜 행동을 참아주는 사람이 되지 마세요.

아이와 함께 가게에 갔는데 아이가 풍선껌을 사달라고 말합니다. 안 된다고 말해도 아이는 풍선껌을 손에서 놓질 못하죠. 계속 달래도 아이는 소리를 지르고 결국 당신은 포기합니다. "좋아,

사줄게. 풍선껌 값이야." 지금 당신은 이런 메시지를 보낸 셈입니다. '네가 풍선껌을 사고 싶다면 떼를 쓰면 돼'라고요. 이게 당신이 지금 아이에게 가르친 겁니다.

세상의 모든 아이는 풍선껌을 보면 이 버튼이 눌리죠. 제 아이들도 마찬가지입니다. 제가 단호하게 안 된다고 말하면 아이들은 울고불고하죠. 그러면 전 이렇게 말합니다.

"잠깐. 안 되는 건 안 되는 거야. 그리고 저기 있는 사람들한테 구경거리가 되고 싶어?"

그런 행동을 할 기분을 사라지게 하거나, 계속 그런 행동을 할 수 없다는 걸 보여주는 거죠. 전 겁을 주지도, 밀어붙이지도, 꾀지도 않습니다. 그렇지만 무조건 아이 말을 들어주는 사람이 되지도 않습니다.

아이가 당신을 존중하지 않는데도 계속 아이의 점심을 만들어주고, 집안일을 해주고, 운전사가 되어주고, 무분별하게 돈을 쥐여주는 건 "나를 이렇게 막 대해도 괜찮아. 그렇게 해도 돼."라고 말하는 겁니다. 이런 식으로 해선 안 된다고 생각합니다.

또한 부모로서 아이들이 고통을 겪지 않게 해줘야 하는 것도 아닙니다. 많은 부모들이 나가서 돈을 벌고, 잔디를 깎고, 눈을 치우는 등 수많은 일을 하고 있습니다. 많은 사람들이 돈을 벌어야 한다는 걸 머릿속에 담고 있죠. 하지만 그러면 아이들은 부모가 값비싼 옷을 사주기를, 방과 후에 자기를 데리러 오기를 바라게 됩니다.

전 이 속담을 좋아합니다. '아이에게 물고기를 잡아주면 하루 동안 먹을 것을 주는 거지만, 물고기 잡는 법을 가르쳐주면 평생 먹을 것을 주는 것이다.' 여기에는 양육 방식에 관한 온전한 진실이 담겨 있습니다. 진정한 성공을 거두는 아이로 기르고 싶다면 아이를 성공한 사람으로 만들어주는 것들을 가로막지 마세요. 나가서 활동하고, 고난을 겪게 두세요. 아이가 자신의 여정을 따라가면서 스스로 교훈을 얻고 깨달음을 얻어가는 과정을 즐기게 해주세요.

누군가의 인정이 꼭 필요하진 않다

실패에 관해 이미 약간 이야기를 한 것 같은데 다시 한번 이야기하고 싶군요. 실패란 '판단'일 뿐입니다. 사실은 무척이나 긍정적으로 볼 수 있죠. 전 수없이 실패해봤지만 그것을 동기로 삼았습니다. 가장 성공한 사람은 삶에서 수없이, 기꺼이 넘어져볼 줄 아는 사람입니다. 그럴 때마다 이들은 벌떡 일어나 옷에 묻은 먼지를 툭툭 털고 이렇게 말하죠. "음, 이건 잘 안 되네. 이제 이렇게 하면 안 된다는 걸 알았어."

토머스 에디슨이 전구를 발명하기까지 얼마나 노력했는지 아시나요? 1만 번이나 시도했지만 상업적으로 유용한 전구를 만들어내지 못하고 있었을 때였습니다. 그때 한 기자가 그에게 물었습니다.

"에디슨 씨, 무려 1만 번이나 실패했는데 기분이 어떠세요? 당신처럼 유명한 사람에게는 무척 끔찍한 경험일 테죠."

"기자님이 무슨 말씀을 하시는지 모르겠군요. 실패라니요. 오늘 저는 전구로 사용하지 못할 1만 번째 방법을 알아낸 것뿐입니다."

실패란 '난 오늘 뭔가를 하는 데 실패했어. 그러니 실패자야'라고 생각하는 사람에게만 나쁜 일이 됩니다. 우리가 있어야 할 자리는 사실상 뭐든 기꺼이 시도해보는 자리입니다. 그게 건강한 방식입니다. 한계를 모르는 사람은 이런 식으로 행동합니다. 그들은 뭔가를 시도하고, 그것을 두려워하지 않습니다. 그들은 규칙에 따라 살지 않습니다. 관습, 전통, 누군가의 지시에 따라 살지 않습니다.

청중 앞에 설 때 제 자존감은 온전합니다. 그것은 제 안에서 오는 겁니다. 그래서 '자(기)존(재)감'이라고 불리는 겁니다. 누군가 절 좋아한다면 좋은 일이죠. 누군가 박수를 보내고 웃음을 터트리고 즐겨준다면 멋진 일입니다. 그러지 않는 것보다는 분명 좋은 일이죠. 저는 사람들의 인정을 좋아하지만 그게 꼭 있어야 하는 건 아닙니다. 제가 인정을 받아야만 하는 사람이라면 인정받지 못할 땐 무너지게 될 테니까요. 타인의 인정은 외적인 동기일 뿐, 제 행동의 목표는 아닙니다.

청중 앞에 섰을 때 박수를 치거나 웃지 않는 한 사람만 보고는 '내가 잘 못하고 있구나. 난 별로야'라고 생각하는 사람이 있습니다. 내가 말하는 것을 좋아하지 않는 사람에게 집중하는 건 그 사람의 의견을 나의 자존감보다 더 중요하게 여긴다는 의미입니다. 기억하세요. 다른 사람이 나에 대해 어떻게 생각하느냐는 나와 관계없다는 것을요!

자존감은 '나는 온전하다. 가치 있다. 매력적이다. 중요한 사람이다'라는 믿음에서 옵니다. 이 말을 하는 것만으로는 안 됩니다. 그보다는 자기 자신을 조용히 사랑하세요. 그리고 이것이 아이들에게 가르쳐야 할 내용입니다.

제가 쓴 책 중에《아이의 행복을 위해 부모는 무엇을 해야 할까? What Do You Really Want For Your Children?》가 있습니다. 전 이 책의 제목이 우리가 해야 할 가장 중요한 질문이라고 생각합니다. 또한 제 아이들만이 아니라 모든 아이에게 같은 것을 바라야 합니다. 우리는 모두 함께 아이들을 기르고 있으니까요. 저는 아이들이 스스로 선택권이 있다는 것을 믿으며 성장하기를, 그리하여 자율권이 있음을 깨닫기를 바랍니다.

제 딸 트레이시가 2학년 때 무척 화가 나 집에 돌아온 적이 있었습니다.

"빌리가 절 싫어해요!"

"음, 그렇구나. 근데 빌리의 선택이야. 그리고 그건 빌리가 목요일에 한 일들 중 하나지. 그런데도 넌 빌리가 좋지?"

"네, 전 빌리가 좋아요."

"그래, 그건 네 선택이지."

아이는 곧장 기분이 누그러들었습니다. 그리고 그렇게 말하는 게 좋다고 종일 재잘거렸죠.

부모들 중에는 아이에게 이렇게 말하는 사람들이 있습니다.

"오, 이런. 빌리가 널 좋아하게 하려면 엄마가 어떻게 해줘야 할까? 음, 파티를 열어 초대할까? 아니면 장난감을 가지고 빌리한테 같이 가볼까? 엄마가 해줄게."

아무리 어린아이라 해도 다른 사람의 의지를 꺾을 수 있는 방법을 습득하게 해서는 안 됩니다.

제게는 아이가 여덟이나 있지만 아이들은 싸우면서 자라지 않았어요. 한 번도 싸우지 않았다는 게 아니라 싸움이 일상이 되지 않았다는 말입니다. 아이들은 매일 싸우고, 화내고, 누군가를 미워하는 게 정상이 아니라는 믿음을 가지고 자랐습니다. 우리는 그런 충동들에 끌릴 수도 있지만 초연해질 수도 있습니다. 싸움과 괴로움과 고통과 좌절은 우리를 낙담시키고 삶을 파괴하기 때문입니다. 제 아이들은 대부분의 일에 대해 남다른 태도를 갖고 자랐지만, 제가 가장 자랑스러워하는 것 중 하나는 아이들이 사랑으로 충만해 있다는 점입니다.

진짜 '나'를 세상에 드러내라

전 아이들에게 누군가의 행동으로 인해 화를 내고, 분노하고, 상처 입고, 좌절하면 그때가 삶에 대한 통제권을 포기하는 순간이라고 가르쳤습니다. 그건 세상 사람들에게 이렇게 말하는 것과 같습니다. "나에 대한 당신의 생각이 나의 생각보다 훨씬 중요해요. 그래서 당신이 날 좋아할 만한 행동을 할 거예요."

그러기보다는 이렇게 행동해야 합니다. 다음의 말을 자신에게 반복해서 말해보세요. "나는 나를 사랑으로 가득 채운다. 그리고 이 사랑을 세상에 전달한다. 누군가 이걸 받아들인다면 매우 멋진 일이다. 받아들이지 않는다면 그건 그냥 그들이 그렇게 한 것일 뿐이다. 이 지구상에 업보가 있다는 걸 나는 이제 이해하기 시작했다. 내가 알고 있는 건 오직 내 고통과 괴로움, 어려움에 대해 스스로 책임을 지는 것이 중요하다는 점이다. 다른 사람들이 비애에 차 있을 때 사랑으로 품어주면 그 사랑이 되돌아올 것임을 알고 있다."

세상을 은행이라고 생각해보세요. 가장 높은 이자를 주는 은행이라고요. 그 은행에 1,000달러어치 사랑을 저축하세요. 그러면 매 순간 1,300달러어치의 사랑을 받을 겁니다. 1,000달러에다 보너스까지 받는 거예요. 그 보너스는 모든 사람을 향해 이런 식으로, 사랑으로 행동해야 한다는 걸 알려줍니다.

세상은 내가 준 것을 되돌려줍니다. 때문에 진정성 있는 인간이 되어야 합니다. 우리는 자신이 말한 대로 됩니다. 그게 인생에서 도달할 최선의 자리입니다. 다시 말해 입에서 나오는 말은 스스로 믿고 있는 것들의 합이라는 겁니다. 농담을 하거나 우스꽝스러운 행동을 할 수도 있지만 다른 사람들에게 어떤 인상을 주기 위해, 더 나은 사람으로 보이기 위해 행동해서는 안 됩니다.

그렇게 하려면 현실을 왜곡해야 하거든요. 이건 어디에서 나온 걸까요? 왜 그런 일이 필요한 걸까요? 누구도 신경 쓰지 않는데 말이죠. 당신이 어떤 식으로든 거짓말을 한다면 현실을 왜곡하는 것임을 알아두세요. 이런 태도가 일정 기간 이어지면 습관이 됩니다. 그렇지만 이 습관은 언제든 고칠 수 있습니다. 진정성이 있다는 건 아이들에게 본보기가 되는 삶을 살 수 있다는 겁니다. 나 자신이 아닌 다른 뭔가를 가장하며 살기보다는 자신이 뱉은 말을 실천하며 살아가는 게 무척이나 중요합니다.

마찬가지로, 제가 쓴 글도 저 자신입니다. 그래서 저는 살면서 매일 실천하는 일들을 글로 씁니다. 내게서 나오는 건 모두 내 마음속에 있던 것입니다. 내 아이들, 나아가 세상을 변화시키고자 한다면 나 자신이 깨달음을 주는 본보기로서 행동해야 합니다. 내가 그런 본보기가 되지 못한다면 그건 진정한 내가 아니죠.

정작 본인은 탈세를 하면서 아이들에게는 정직해야 한다고 벌을 준다면, 담배 연기를 상대의 얼굴에 뿜으면서 흡연이나 약물 중독은 악이라고 주장한다면 누가 그 말을 들을까요? 말과 행동이 다르다면 누구도 내 말에 귀 기울이지 않습니다. 삶에서, 그리고 모든 인류에게 있어 진실한 태도가 얼마나 중요한지 알아야 합니다.

일기쓰기

어린 시절을 잠시 생각해봅시다. 당신은 행복한 아이였나요? 아니면 뭔가 중요한 것을 놓친 것 같은가요? 용서를 통해 부모님과 관계를 조정해야 하나요? 행복한 유년 시절이 도움이 되었다고 느끼고 있나요? 과거가 어떠했든 지금의 삶이 더욱 즐거워질 수 있도록 내면의 아이를 돌봐주고 일기를 써보세요.

그런 다음에는 당신이 부모라면 자녀와 어떤 관계를 맺고 있는지 생각해보세요. 자기 입맛대로 아이를 만들어가는 실수를 범하고 있진 않나요? 아니면 아이들에게 뭐든 될 수 있다고 격려하고 있나요? (아이가 없다면 친지나 친구의 아이, 주변에 있는 아이들을 떠올려도 좋습니다.) **자신이 부모 혹은 아이가 되었다고 생각했을 때 어땠는지, 그리고 거기서 느낀 감정들을 써보세요. 어떻게 하면 사람들에게 깨우침을 주며 살아갈 수 있을까요?**

제8장

사랑으로 이끌어라

Lead with Love

저는 기업이 주최하는 강연에 많이 초빙되었습니다. 좀 놀라운 일이죠. 제가 말하는 내용들은 언뜻 비즈니스와는 양립할 수 없는 철학으로 보이니까요. 하지만 그렇지 않습니다. GM이든, 크라이슬러든, AT&T든, 거기서 사람들을 빼면 아무것도 남지 않습니다. 우리를 소진시키는 수많은 기기와 장치들만 남겠죠.

사업은 사람의 일입니다. 행복하고, 만족스러워하고, 자긍심 있는 사람들만이 회사에 최선의 기여를 할 수 있습니다. 경제적 문제가 있거나, 뭔가에 중독될 만큼 삶이 버겁거나, 관계 문제로 걱정에 휩싸여 있거나, 우울이나 분노로 너덜너덜해져 있는 사람이 회사에 기여할 순 없습니다. 회사의 규모와 상관없이 사업을 운영하는 데는 인도주의적인 방식이 필요합니다.

이제 점점 더 많은 회사들이 직원들을 위해 운동을 하고 쉴 수 있는 공간과 시간을 마련하기 시작했습니다. 정신 건강을 위해 명상이나 요가를 할 장소도 마련하고 있죠. 안정된 상태에서 최상의 컨디션을 발휘할 수 있도록 하기 위해서입니다. 고용주들은 직원들의 신체적, 정신적 컨디션을 높이는 것이 중요하다는 사실을 깨달은 듯 보입니다. 그리고 그게 얼마나 중요한지 효과를 경험했죠. 다시 말하지만 이 모든 것의 비밀은 바로 '애정'입니다.

리더는 큰 그림을 그린다

직장에서 리더와 팀원을 가르는 차이점에 관해서는 수많은 연구가 이미 나와 있습니다. 이에 따르면 리더와 팀원을 가르는 건 크게 두 가지입니다.

1. 리더는 큰 그림 혹은 전체와의 연관성을 본다

당신이 대기업에 다닌다면 그곳에는 오로지 자기 업무와 부서에서 해야 하는 일만 생각하는 문제 집중형 팀원들이 있을 겁니다. 이들은 그런 일을 하도록 훈련되어 있습니다. 그래서 그 일이 옆 부서와 전체 조직, 주주들에게 어떤 영향을 미치는지 보지 못하죠. 이들은 "그건 우리 부서 일이 아냐. 내 일이 아니라고. 회계 처리는 그쪽 일이고, 선적은 그쪽 일이잖아."라고 말합니다. 그리고 자기 삶에서도 이런 식으로 행동하죠. 전체 인생과의 연관성을 보지 못합니다.

이들의 반대편에는 해결 집중형 리더가 있습니다. 이들은 어떤 한 사람이 하는 모든 업무가 자기 부서뿐만 아니라 옆 부서, 전체 조직, 예상 이익 등에 미치는 영향을 봅니다. 이렇게 전체 사업 조직을 염두에 두기에 리더의 자리에 오르죠. 이들은 '내가 하는 일이 내게 어떤 영향을 미칠까'를 생각하며 좁은 시야로 바라보지 않습니다.

2. 리더는 지금 진행 중인 모든 일의 장기적 영향을 예측한다

비행기에 탔는데 한 승무원이 고객에게 무례한 행동을 하는 것을 봤다고 합시다. 이 승무원이 속한 팀의 리더는 그 행동이 전체 조직에, 장차 사업에 어떤 영향을 미칠지를 순간적으로 알아차립니다. 비행기에서 승객이 승무원과 좋지 않은 경험을 하는 경우 그런 불쾌함에 영향을 받는 건 그 승객 개인만이 아닙니다. 그 승무원은 곧 그 승객의 인생에서 퇴장당할 겁니다. 다음번에 그 승객이 다시 비행기를 탈 일이 있다면 이들은 다른 항공사를 선택할 것이고, 10년이고 20년이고 그렇게 할 수도 있습니다. 또

지인들에게 그 경험을 말해서 지인들 역시 같은 선택을 할 수도 있죠. 즉, 승무원 한 사람의 무례한 행동이 장기적으로 항공사 전체에 영향을 미칠 수 있다는 말입니다.

리더들은 이런 장기적인 영향을 알고 있습니다. 이들이 예의 바르고, 서비스 지향적이고, 친절하고, 적절하게 행동하는 건 그렇게 하도록 훈련받았기 때문만은 아닙니다. 이들은 그런 사람들이기 때문에 그렇게 행동하죠. 결과적으로 이들은 자신을 전체 조직과의 관계성, 더 큰 그림 속에서 파악합니다.

그리고 실제로 이게 답입니다. 큰 그림이란 당신이 직원들을 대하는 방식이 당신 자신과 그들에게, 나아가 우리 모두에게 영향을 미친다는 겁니다. 당신이 어떤 회사에 대해서만, 누군가의 행동이 그 조직에 어떤 영향을 미칠지만 생각한다면 여전히 스스로를 제약하고 있는 겁니다. 자신이 속한 지역사회, 국가, 전 세계적인 영향을 봐야 합니다. 이 큰 그림에서는 모든 인류에게로 물결처럼 영향력이 퍼져나가며, 우리가 그런 영향을 미칠 수 있습니다.

일상적인 직업 활동 속에서, 가족 내에서, 지인들 사이에서 리더십 법칙들을 적용할 수도 있어요. 그리고 이를 더 확장해 적용할 수도 있습니다. 우리는 부정적인 행동, 적대적인 행동, 세상에 섞이지 못하는 사람들에게 관심을 기울여야 합니다. 많은 사람들이 조화를 이뤄나갈 때 전 지구적인 영향을 발휘할 수 있기 때문입니다.

스스로 리더라고 생각하면 비전을 확장할 수 있습니다. 자신이 속한 회사나 부서, 가족 내에서 리더가 될 수 있으며 나아가 인류의 리더가 될 수도 있습니다. 그리고 누구나 그 역할을 할 수 있습니다.

'그렇게 했어야' 하는 일은 없다

리더는 '게임을 올바른 방식으로 해나가는 사람'이라기보다 '자기 내면의 신호를 신뢰하는 사람'입니다. 내면이 지향하는 것을 삶에서 실행하는 거지요. 우리는 해야 할 것 같다거나, 다른 사람들이 하라고 말하기 때문에 어떤 행동을 하진 않습니다. 그것이 자신에게 맞는 일이기에 합니다. 우리는 모두 자기에게 무엇이 적합한지에 대한 내면의 신호 혹은 본능을 가지고 있습니다. 하지만 좀처럼 그것을 따르진 않죠. '어떤 일을 해야 할 것 같아', '어떤 일을 해야 해', '어떤 일을 했어야 했어'라는 식으로 생각하죠. '저 일이 나에게 맞는 일이야'가 아니라요.

'우리가 이런 방식으로 했을 수도 있었을 텐데.' '이런 방식으로 했었더라면.' '우리는 저렇게 해야만 했어.' 이렇게 뭘 해야 할 것 같다거나 했어야 할 것 같다는 생각은 스스로를 가두는 생각입니다. 그러나 한계를 모르는 사람은 매사를 자신이 그 일을 할 것이기 때문에, 지금껏 한 일이 아니기 때문에 자신의 방식으로 그 일을 합니다. 그 예측은 과거의 경험을 바탕으로 내린 것이고요. 우리는 그 일을 할 수 없습니다. '그렇게 했어야' 할 수도 없습니다. '만약'은 없습니다. 그 일은 이미 벌어졌으니까요.

전 지금껏 살아오면서 '그렇게 했어야 했는데'라는 말을 참 많이 들어봤습니다. 하지만 누구도 '그렇게 하진' 못할 겁니다. 불가능한 일이죠. 이미 해버린 일을 어떻게 '그렇게' 할 수 있단 말인가요?

어느 해 10월 미네소타에 강연을 하러 간 적이 있는데, 그때 전 운전기사에게 이렇게 말했습니다.

"경치가 무척 멋지군요. 나뭇잎 색이 어쩜 저렇게 멋지죠!"

"아, 저건 아무것도 아닙니다. 선생님께서 지난주에 여기 오셨어야 했는데."

"하지만 이번 주에 왔으니 '지난주'는 없는걸요."

기사는 웬 미친놈을 태웠나 싶은 표정으로 절 쳐다봤죠.

몇 년 전에는 이런 일도 있었습니다. 금요일에 전기회사에 전화를 걸었을 때였습니다.

"전기가 나갔는데요. 와주셨으면 해서요."

그러자 상담원이 이렇게 말하더군요.

"수요일에 전화하셨으면 좋았을 텐데요."

"뭐라고요? 여보세요. 무슨 말씀을 하시는 거죠? 여기 지구가 맞나요?"

"물론 지구죠."

"지금 제가 지구에 있는 것 맞죠? 금요일에 전화를 했는데 어떻게 '수요일에 전화했으면 좋았을' 거라고 말할 수 있죠?"

"더 윗사람을 바꿔드릴게요."

오늘은 금요일인데 수요일에 전화를 했어야 했다는 말을 듣고 싶지 않다는 걸 이해하는 사람이 나타나기까지, 무려 네 번이나 전화가 더 연결되었죠. 아무리 돌아가고 싶어도 우리는 과거의 그 어느 날로도 돌아갈 수 없습니다.

이런 식으로 삶을 이끌어가는 사람들이 얼마나 많은지 놀라울 따름입니다. 전 강연을 할 때 이 재미있는 사실을 종종 언급하곤 합니다. "여러분이 1916년에 코카콜라 주식 다섯 주를 샀더라면 지금 백만장자가 되어 있지 않겠습니까?" 물론 제 강연을 듣는 사람들 대부분은 그때 태어나지도 않았습니다. 하지만 사람들은 "그랬으면 좋았을 텐데요."라고 말하죠.

친구와 함께 복식 테니스를 칠 때였습니다. 제가 친구 쪽으로 온 공을 막자 공이 제 바로 옆에 떨어졌습니다. 그러자 그가 말했습니다.

"네가 그 공을 막았어야 했는데."

"난 '막았어야 했을' 공은 못 막아. 누구도 그렇게 못 해."

"빌어먹을, 그 공을 막기만 하면 됐잖아!"

전 친구 쪽으로 날아온 공을 막을 수 있었지만 '막았어야 했을 것은' 못 막았습니다. 무슨 말인지 알 것 같은가요? 상대방에게 그 일을 했어야 했다고 말하는 건 아무런 도움도 되지 않고 소용도 없습니다.

아이들이 3시에 전화를 걸었어야 했는데 전화도 없이 5시에 집으로 돌아온 적이 얼마나 많은가요? 그러면 우리는 이렇게 말하죠. "3시에 전화했어야지." 아이는 그게 말도 안 되는 말임을 압니다. 5시인 지금은 3시에 전화를 할 수 없으니까요. 아이에게 해야 할 말은 "내일 3시에 전화하지 않으면 이러이러한 일이 벌어질 거야."입니다. 그러면 완벽히 알아들을 거예요. 그때 어떻게 할 수 있었는데, 했어야 했는데 같은 질책은 시간낭비일 뿐입니다.

독수리처럼 비상하라

경영관리 분야의 오랜 경구가 하나 있습니다. 들어본 적이 있을 거예요. '오리를 독수리 학교에 보내지 마라.' 이 말에 대해 생각해볼까요. 세상에 오리는 많고 독수리는 얼마 안 됩니다. 그리고 오리를 독수리로 만들려는 시도는 평생이 걸리는 험난한 일 중 하나입니다. 문제에만 집중하는 오리들은 어디에나 있으며, 기꺼이 한계를 넘어 높이 날아오르는 귀한 독수리들은 몇 되지 않습니다.

오리는 오리의 방식대로 생각합니다. 오리를 독수리처럼 훈련시키려고 하면 오리들은 알아듣지 못합니다. 대체로 오리들은 '불가능하다'는 관념에 고착되어 있습니다. "음, 우린 늘 이런 식으로 했는걸."이라고 말하죠. "그냥 우리가 하던 대로 하면 돼. 바꾸는 건 불가능해."

언젠가 비행기에서 승무원이 비효율적인 방식으로 음료를 서비스하는 모습을 보고 전 이 말을 떠올렸습니다. 음식이 다 서빙되고 나서 음료는 카트 앞, 그러니까 그들의 진행 방향에서부터 한 사람씩 제공되었습니다. 승객들 대부분은 음식을 다 먹을 때까지 음료를 받을 수가 없었죠. 저는 음식을 먹는 동안 음료를 받고 싶었습니다. 왜 한 번에 한 사람씩만 주문을 처리하는 걸까? 복도 양옆으로 좌석은 각각 세 개씩이었고 승무원 한 사람이 승객 한 사람씩의 요구를 처리했습니다. 컵 하나를 들고, 얼음을 넣고, 음료를 따라 고객에게 건네준 다음 옆 사람의 주문을 받았습니다.

독수리라면 '자, 어떻게 하면 여섯 사람이 원하는 걸 해줄 수 있을까?'라고 질문하며 준비를 할 겁니다. 하지만 오리는 가지각색의 이유로 이런 방식을 믿지 않습니다. 그들은 이렇게 말합니다. "이봐, 만일 네가 해낸다면 해낸 거겠지. 그런 일이 일어난다면 그렇게 되는 거고. 비행 후 한 시간 만에 음료가 동이 나고 짜증이 난다면 그것도 그런 거라고." 앞서 식료품점 이야기에 등장한 일당일 포장 점원의 태도와 무척 비슷하죠.

오리는 어디에나 존재합니다. 얼마 전 은행에서 차례를 기다리고 있는데 은행원이 누군가와 계속 통화를 했습니다. 전 다음 차례였고, 오랜 기다림 끝에 드디어 제 차례가 되었죠.

"이 수표를 예치하고 현금 출금을 하고 싶은데요."

"손님, 전 한 번에 한 가지밖에 못 합니다!"

은행원이 이렇게 말하며 불평을 터트리더군요.

"한 가지만요? 전 한 번에 10가지 일은 할 수 있는데요."

독수리가 되고 싶다면 저기 아래에 있는 쥐를 찾고, 전신주를 찾으세요! 새끼 독수리를 생각하세요! 한 번에 수백만 가지 일을 하세요! 한 번에 오직 한 가지 일만 처리하는 사람은 어떤 사람일까요? 부모는 분명 그 부류에 들지 않을 겁니다. 어린아이가 있다면 아이들이 수영하는 것을 지켜보면서 동시에 책을 읽는 법을 습득하고, 저녁 식사를 만들면서 아이들의 숙제를 봐줘야 하니까요. 효율적인 사람이 되어야 이 모든 일을 하는 법을 습득할 수 있어요. 자리에 앉아서 이런 말을 하는 건 상상도 못 하죠.

"애들아, 엄만 한 번에 하나밖에 못 해!"

어렸을 때의 일입니다. 어느 날 선생님이 수업이 끝나고 이렇게 말했습니다.

"오늘 수업은 정말 최악이야! 이런 일은 처음이야! 참을 수가 없어!"

많은 친구들이 이 소리를 듣고 죄책감을 느꼈는데, 전 이런 생각이 들더군요.

'이렇게 최악의 수업은 처음이라고? 저 선생님의 인생은 엄청 멋졌나 보네. 우리는 무척 다루기 쉬운데! 저 선생님은 왜 우리에게 죄책감이 들게 하는 거지?'

아니나 다를까, 많은 아이들이 집으로 돌아갔습니다. 아이들은 나쁜 기분을 느꼈으며 거기에 휘둘렸죠.

언젠가 플로리다 올랜도에 있는 멋진 호텔에서 묵었던 적이 있는데, 호텔 측은 제게 9층 컨시어지 룸을 주었습니다. 하룻밤에 100달러도 넘는 방이었지만 컨시어지 서비스는 못 받았죠. 첫날 저녁, 7시에서 9시까지 간단한 음식이 제공되었는데 밖에 나가서 조깅을 하느라 9시까지 들어오지 못했거든요. 전 방으로 먹을 것을 약간 가져다줄 수 있느냐고 물었죠. 안내 직원이 말했습니다.

"네, 알겠습니다. 주방은 마감했지만 아래에 내려가서 뭣 좀 가져다 드릴게요. 디저트로 먹을 만한 게 있을 거예요. 뭐 드시고 싶은 게 있으신가요?"

"아니요, 그거면 감사합니다."

그는 제가 누구인지 전혀 신경 쓰지 않고, 자기가 할 수 있는 일을 해주었습니다. 정말 멋지지 않은가요?

다음 날 아침 조식 마감 시간은 9시 30분이었습니다. 다시 전 그 시간에 나가 있었고, 마감 몇 분 전에 들어가서 주스를 조금 달라고 했습니다. 하지만 이번에 제가 마주친 건 독수리가 아니라 오리였죠.

"선생님, 조식 마감은 9시 반입니다. 죄송합니다."

"압니다. 하지만 주스 한 잔을 달라고 했을 뿐인데요. 너무 목이 말라서요. 막 달리고 왔는데, 지금 바로 강연을 하러 나가봐야 해서요."

"선생님, 9시 반입니다. 이 대답밖에 드릴 수가 없네요."

전 컨시어지 룸에 묵으며 하룻밤에 100달러 이상을 쓰는 손님이었지만 조식 담당 직원은 그렇게 대화를 끝냈죠. 차이가 보이시나요? 차이는 바로 태도에, 그들이 지닌 믿음에 있습니다.

이 두 호텔 직원의 이야기가 앞서 두 포장 점원의 이야기와 비슷하지 않은가요? 늘 한계를 넘어 비상하는 독수리와, 약간이라도 까다로운 일에서는 빠져나가면서 늘 왜냐고 되묻는 오리가 보이시나요?

직원을 고용해야 한다면 그저 하루 동안 점원들을 관찰만 해봐도 누굴 고용해야 할지 알게 됩니다. 제 경험상 훌륭한 직원들은 훈련되는 것이 아닙니다. 훌륭한 직원은 발견됩니다. 나가서 일당백의 사람, 독수리의 태도를 가진 사람을 찾으세요. 그들이 뭔가를 할 수 있도록, 뭔가가 될 수 있도록 도우세요.

시카고 오헤어 공항에서 겪었던 일입니다. 정오에 저는 로더데일로 내려가는 비행기를 탈 준비를 하고 있는데, 제 비행편이 취소가 되었습니다. 그래서 직원에게 이렇게 말했죠.

"좋아요, 여기서 웨스트 팜비치로 가는 45분짜리 비행기가 있는 걸 알고 있어요. 약 30킬로미터 거리죠. 그걸 타고 웨스트 팜비치로 가서 포트 로더데일로 가는 걸 갈아타고 싶어요. 그렇게 가능할까요?"

그가 컴퓨터를 보더니 이렇게 말했습니다.

"죄송합니다. 그렇게 해드릴 수 없습니다."

"왜요? 좌석이 없나요?"

"아뇨, 빈 좌석은 있는데 컴퓨터상에 두 도시가 서로 다른 지역으로 기입되어 있어서요."

"마이애미와 포트 로더데일은 같은 지역인데 포트 로더데일과 웨스트 팜비치는 다른 지역이라고요?" (마이애미, 포트 로더데일, 웨스트 팜비치는 모두 플로리다주에 속한 도시다. 다만 웨스트 팜비치는 플로리다주 팜비치군에 속한 지역이다—옮긴이)

그는 제가 마치 샌프란시스코로 가겠다고 요청한 듯한 반응을 보였습니다.

"컴퓨터상으로는 다른 지역입니다. 그래서 그렇게 처리할 수가 없습니다. 죄송합니다. 하지만 4시간 후에 비행편이 있습니다. 예약은 되어 있으니, 그 비행기를 타시면 됩니다."

"그러니까 내 비행편이 취소됐는데, 컴퓨터상에 각기 다른 지역으로 떠서 여기서 고작 30킬로미터 떨어진 곳인데 갈 수 없단 말인가요?"

"네, 그렇습니다. 죄송합니다. 해드릴 수 있는 게 없습니다."

그는 요지부동이었습니다. 저는 다시 말했습니다.

"음, 다른 사람과 이야기를 하고 싶은데요. 누구든 말이에요."

"죄송합니다. 상급자를 모셔와도 같은 말씀밖에 드릴 수 없을 겁니다."

그러고 나서 그는 자리를 뜨려고 했습니다. 저는 그가 오리 연못으로 돌아가려고 한다는 걸 알았죠.

"잠시만요. 그러면 위로 가세요. 몇 계단만 올라가면 독수리를 찾을 수 있을 거예요."

"무슨 말씀을 하시는 거예요?"

"누구든지 상관없어요. 그저 할 수 없다고만 말하는 사람이 아니면 되니까 누구든 불러주세요. 무슨 확답을 바라는 게 아니에요. 그냥 그런 사람을 불러만 줘요. '할 수 없다'고만 생각하지 않는 사람과 대화하고 싶어요."

결국 그는 그렇게 했습니다. 그는 제게 독수리를 찾아주었고, 전 제가 원했던 비행기에 탔습니다. 모든 것은 예상한 대로 잘 풀렸습니다.

세상이 오리로 가득하다는 것을 이해해야 합니다. 그리고 당신이 그런 오리는 아닌지 정말로 주의를 기울여야 합니다. 기억하세요. 성공은 내적 과정입니다. 성공할 수 있다는 확신과 태도를 가질 때, 결과적으로 모든 일에서 성공을 거둘 수 있고 삶에서 높이 비상할 수 있습니다.

일기쓰기	**살면서 독수리나 오리를 마주친 적이 있는지 생각해보세요. 이들 중 누구에게 동질감을 느끼나요? 일기장에 이에 관한 감정을 써보세요. 애정을 가지고 다른 사람을 이끌고 큰 그림을 볼 수 있으려면 어떻게 해야 할까요?**

제3부 인생의 사명

용기를 내어 자신의 열정을 좇아라.
아직 그게 뭔지 모르겠다면
자신이 이 지구에 존재하는 이유가 그것을 찾는 것임을 깨달아라.

_오프라 윈프리

Happiness is the way

제9장

삶의 목적은 현재에 있다

A Sense of Purpose

학교에서 일하던 마지막 몇 년 동안, 저는 학생들을 건강한 인간으로 자라게 하는 훈련 커리큘럼을 구상했습니다. 자녀가 어떻게 자라길 바라느냐는 질문을 받으면 부모들은 아마 이렇게 대답할 겁니다. "아이들이 행복하길 바랍니다. 삶에 만족하길 바라요. 인생에서 목적의식을 갖길 바라요."

하지만 이런 것들을 다 어디서 배울 수 있을까요? 후회하지 않는 법, 걱정에 휘둘리지 않는 법, 사람들이 나를 어떻게 생각할지 염려하지 않는 법, 늘 타인의 인정을 구하는 태도를 없애는 법, 자기 자신을 사랑하는 법, 미래나 과거만 바라보지 않고 현재를 충실히 사는 법, 피해의식을 갖지 않는 법, 자기 감정을 다루는 법은 대체 어디서 배울 수 있을까요? 어째서 이런 과목들은 아이들 학교 수업에 없는 걸까요?

지금까지 말해온 대로, 한계를 모르는 사람들의 중요한 특징 중 하나가 내적 동기로 움직인다는 겁니다. 자신에게 무엇이 옳고 그른지에 대해, 인생의 사명에 대해, 그것을 어떻게 하면 좋을지에 대해 이들은 내면의 신호를 참고합니다.

아이들은 대개 본능적으로 자신의 직감에 귀 기울이지만, 학교에 들어가면 그것을 무시하라는 교육을 받죠. 어느 학교든 가서 교육철학에 관해 물어보세요. 그러면 이런 대답을 들을 수 있을 겁니다. "우리 학교는 교육을 통해 아이들 모두가 완전한 자기계발 및 자기실현에 도달할 수 있도록 격려하고 있습니다. 우리는 학교 문을 열고 들어오는 아이들 모두에게 개인적인 발전 및 특정한 자아실현 목표를 부여하도록 개발된 커리큘럼을 제공하려고 합니다."

이 말은 난센스입니다. 스스로 변화를 겪고 깨어나기 시작하는 아이들이 교사에게 "잠시만요. 왜죠? 어째서 이런 규칙을 따라야 하는 거죠? 우리가 좀 바꿀 수는 없나요?"라고 말하면 교사는 입을 다뭅니다. 아마도 어릴 적에 이렇게 말하면서 교사나 학교의 권위에 도전하는 친구들을 본 적이 있을 겁니다. 하지만 누구도 그 말에 귀 기울이지 않죠. 학교가 아이들 내면에서 막 일어나기 시작한 동기의 불꽃을 꺼뜨리는 모든 행위를 그만두었으면 좋겠습니다.

제가 만난 사람들 모두가 특별하고, 고유하고, 의미 있는 사람이라고 느끼고 싶어 했습니다. 한 치의 과장도 섞지 않고, 저는 자기 삶에 관해 매일의 목적의식 혹은 사명을 가지는 것보다 중요한 건 아무것도 없다고 믿습니다. 우리는 모두 세상에 지워지지 않는 발자국을 남기고 싶어 합니다. 하지만 아직은 그때그때 닥친 일들로 헐떡이는 게 우선인 것 같습니다.

열정을 따르는 삶

"꿈을 향해 자신 있게 한 걸음 내디딘다면, 자신이 그린 삶을 살기 위해 한 가지 시도를 한다면 평범한 시간들 속에서 예기치 못한 성공을 만날 것이다."

헨리 데이비드 소로의 이 말을 저는 무척이나 좋아합니다. 앞 장에서 이와 관련된 말을 잠시 하기도 했었죠. 이 말은 제게 이렇게 들립니다. 내 삶을 내 방식대로 살아나가면서 내게 의미 있는 기회를 붙잡고 자신 있게 임하면, 전에는 상상조차 못 했던 성공이 따라온다고요. 그러니까 규칙을 따르는 데 급급해하지 말고 좋은 직원, 좋은 배우자, 좋은 부모 같은 게 되려 하지 않으면 됩니다. 더 높은 연봉이나 호화로운 휴가같이 외부의 대상을 좇으면 내면의 평화는 찾아오지 않습니다. 내면의 평화를 이루지 못하면 삶의 의미를 상실하고 목적의식도 갖지 못하죠. "난 여기서 나갈래. 어떤 문제도 만들어선 안 돼. 어떤 변화도 만들어선 안 돼. 세상의 규칙을 따를 거야." 이런 태도는 꿈꾸는 인생을 사는 방법이 아니라고 확실히 말씀드리겠습니다.

아주 어린 꼬마 때부터 우리는 수많은 규칙과 지침들을 따라 행동하도록 교육받고, 삶의 대부분에서 그것들을 따르며 삽니다. 바로 이런 규칙들 말입니다.

- **해도 될 일을 하라. 해도 안 될 것 같은 일은 하지 마라.**
- **들어라. 질문하지 마라.**
- **학교에 가고, 좋은 성적을 얻어라. 선생님을 애먹이지 마라.**
- **가능하면 대학에 가라. 대학에 못 가면 나가서 직업을 구하라.**
- **괜찮은 월급을 받으려면 교육을 받아라.**
- **결혼하라. 가정을 일궈라. 아이를 낳아라.**
- **할 수 있는 한 다른 사람들을 행복하게 해줘라.**
- **청구서를 제때 처리하라.**
- **감옥에 가지 마라. 문제 상황에 엮이지 마라.**
- **가능한 한 많이 벌어라.**
- **잘 차려입고, 좋은 장난감을 가져라.**
- **파티에 가서 술은 조금만 마셔라.**
- **삶이 잘 돌아가게 할 일들을 모두 하라. 따라야 할 일을 따라라.**

그러다 어느 순간 우선순위를 변화시키는 어떤 일이 일어납니다. 건강 문제가 생길 수도 있고, 이 세상에 나만 동동 뜬 것 같은 기분이 들 수도 있습니다. 이유야 어쨌든 이때가 바로 인간으로서 자신의 사명을 찾게 되는 순간입니다.

우리는 사람들을 행복하게 해주라는 둥, 규칙을 따르라는 둥 방금 말한 규칙들을 모두 따르면서 거의 문제없는 인생, 감옥 따위는 가지 않는 삶을 영위할 수도 있습니다. 하지만 이렇게 규칙을 따르는 삶에서는 인생의 목적의식을 갖기란 불가능합니다. 정말, 불가능합니다.

'미래를 위해 지금 아껴라. 은퇴 이후를 생각하라. 목표에 초점을 맞춰라'라는 규칙을 따르는 것도 괜찮습니다. 아이들을 대학에 보내거나 하려면 이런 일을 해야 할 겁니다. 하지만 그것이 우리에게 목적의식이나 삶의 의미를 주진 않습니다. 만일 아이들을 통해 삶의 의미를 찾으려고 한다면 아무리 좋은 부모라도 그 소망을 이룰 수 없습니다. 누군가의 성취가 나 자신을 충족시킬 순 없으니까요. 부모로서 그저 뒤에 서서 아이들을 지켜볼 수 있을 뿐이죠. 그러니까 이 지구상에서 지금 내가 하고 있는 일을 감각할 수가 없다는 말입니다.

목적의식은 규칙의 반대편에 있는 걸 배우는 데서 생겨납니다. 그리고 규칙에 관한 생각을 바꾸는 것 역시 우리의 사명입니다. 삶의 우선순위는 자신의 열정이나 소명이 되어야 합니다. 규칙을 뛰어넘으려면 '더 많이', '더 좋게'라는 태도에서 벗어나야 합니다. 외적 동기, 외적인 신호를 취하지 말고 내면의 신호를, 자신이 옳다고 믿는 것을 취해야 합니다.

규칙을 따르면 아침에 일어나 씻고 일터로 가야 합니다. 이미 숙달되어 어떻게 하는지 다 알고 더 이상 도전할 것도 없는 일상이죠. 늘 해왔던 방식대로 살아간다면 거기에는 그 어떤 도전이나 창조성도 존재하지 않고 반복적인 일상이 지속될 겁니다. 대열을 맞춰 행진하는 군인들과 같은 삶이 되겠죠. 반복적인 생활은 충족감을 주지 못합니다. 그저 외부의 보상을 위해 지금까지 해온 일을 자동적으로 하는 것일 뿐이며, 거기에는 내면의 평화가 없습니다. 하지만 자신의 목적의식을 따르면 일상이 반복적으로 느껴지지 않게 됩니다.

책임감과 모든 위험에 대해 생각할 때 자신의 개인적 사명에 초점을 맞춰야 합니다. 여기에 대해서는 뒤에서 더 자세히 이야기하겠지만, 한 가지 확실히 말씀드릴 수 있는 건 전에 했던 대로 하는 것보다는 위험을 감수하는 게 더 낫다는 겁니다. 그런 사람들은 돈을 좇지 않아도 종국에는 더 많이 벌게 되죠. 이들은 더 건강하고, 더 나은 관계를 맺고, 사랑하는 사람과 함께하는 것 같은 삶에서 보다 중요한 일에 시간을 더 많이 사용합니다.

외적 동기에만 초점을 맞추고 남들처럼 살려고 애쓰며 살아가는 사람들을 많이 봤습니다. 그러나 우리는 그보다는 훨씬 더 나은 삶이 있다는 걸 알고 있죠. 변화하는 쪽, 꿈이 있는 쪽으로 자신감 있게 한 걸음 내디디는 데 집중하길 바랍니다.

나의 인생은 어떤 작품이 될까

"내가 얼마나 벌고 있지?" "내가 가지고 있는 물건이 얼마나 되지?" "내가 가질 수 있는 게 얼마나 되지?" 우리 대다수는 이 같은 외부의 기준들을 바탕으로 자신이 누구인지, 얼마나 잘해 나가고 있는지를 정의합니다. 하지만 이런 기준들로 나의 가능성이나 인간성을 측정할 순 없습니다.

우리 문화가 칭송하고 때로 숭배하기까지 하는 또 다른 것은 성과입니다. "내가 얼마나 달성했지?" "내 지위가 어떻지?" "내가 최고라는 것을 보여주는 보상이 무엇이지?" 우리는 늘 성과를 주시하고 삶을 치열한 경기장으로 만듭니다. 또 다른 것은 성취입니다. "직업적으로 내가 얼마나 왔지?" "동료들이나 사람들이 회사에서의 내 지위, 내 성과를 존경하고 있을까?"

우리는 늘 성취와 성과에 대해 이야기합니다. 우리 문화에서 성취와 성과는 궁극적인 목표와 거의 같아 보입니다. 오랫동안 이런 식으로 산다면, 즉 얼마나 많이 성취했고 얼마나 높은 수준의 성과를 냈는지에만 집중하면 언젠가 거기에 아무것도 없음을 발견할 날이 옵니다. 그저 자신이 얼마나 많은 것들을 손에 쥐고 있는지 입증하면서 살아왔을 뿐임을 깨닫죠.

성공을 측정할 때 사람들에게 얼마나 기여했느냐가 아니라 나를 위해 얼마나 얻어냈는지를 기준으로 삼는다면 이는 강박으로 이어지기 쉽습니다. 계속해서 더 많이 모으고, 더 높은 수준의 성과를 달성해야 한다고 믿는 함정에 빠지죠. 이들은 챔피언 벨트를 딴 순간(물론 대단한 일이긴 합니다만), 다음에 어떻게 해야 또 챔피언 벨트를 딸 수 있는지부터 생각합니다. 누구도 전에는 해보지 못한 일을 목표로 세우죠. 연달아 두 번 챔피언십을 따면 이제는 세 번을 따야 하고 호적수를 완전히 눌러버려야 합니다. 이 정도면 됐다 하는 순간은 절대 찾아오지 않습니다.

인간으로서 자신을 규정하기 위해 외부에서 이런 인위적인 방식들을 끊임없이 찾아 헤매는 덫에 걸리면 진정한 열정이나 충족감을 찾을 수 없습니다. 그러기보단 매 순간 자신의 삶을 아직 형상화하지 못한 작품이라고 생각하는 건 어떨까요?

저는 그렇게 하기 시작했습니다. 내가 얼마나 가졌는지, 얼마나 나아갔는지의 관점에서 삶을 바라보지 않고 하나의 멋진 작품으로 바라보고 있습니다. 이 지구상에 존재하면서 아직 펼쳐지지 않은 저의 인간적인 면모, 목적의식과 관련해 제가 기여할 수 있는 이상적인 그림을 만들고, 가다듬고, 그 모양을 잡아나가고 있습니다.

자신의 삶을 하나의 작품이라고 생각하며 살았던 이상적인 사례로 누가 있을까요? 여기서는 그 사람이 가진 게 얼마나 많은지, 계좌 잔고가 얼마나 되는지, 얼마나 빨리 달리는지, 그 과정에서 누구를 이겼는지 등은 중요하지 않습니다. 답은 더 높은 수준에 있습니다. 즉, 내적인 측면에 집중하고 역사적으로 인간 정신의 힘을 보여준 예수, 무함마드, 부처 같은 성인들이 있죠.

조금 더 근래의 예를 생각해보면 영국 제국주의에 맞서 한 국가의 운명을 완전히 뒤바꿔놓은 간디 같은 분도 있죠. 간디는 비폭력주의를 실천하고 사람들에게 사랑의 마음으로 접근했습니다. 갈등이나 무력, 파괴적인 방식을 사용하지 않았죠. 오직 아름다움과 수용하는 마음으로 사람들이 스스로 자기 삶을 이루어나가는 길을 닦았습니다. 이런 이야기들은 제 마음을 무척이나 고취시킵니다.

우리는 그 어떤 말, 어떤 성과나 성취를 이루지 못하고 좌절하기 위해 여기 있는 게 아닙니다. 우리는 인생에서 수많은 것들을 가지고 있지만 그것들은 시간이 흐를수록 점점 더 줄어들 뿐입니다. 하지만 우리가 더 높은 뭔가로 시선을 돌리기 시작하면 가질 수 있는 것들은 더 많이 나타나죠. 이는 내가 무엇을 위해 여기에 존재하는지, 어떻게 다른 사람들에게 기여하면서 살아갈 수 있을지 아는 것과 비슷합니다.

자신을 영적으로, 열정의 측면에서 바라보고, 마주치는 사람들에 대한 배려와 사랑과 품위를 지녀야 합니다. 살아가는 도중에 마주치는 갈등이나 어려움은 그것을 극복하는 법을 배울 기회로 여기세요. 증오와 분노, 쓰라림, 누군가를 꺾어버리겠다는 마음으로는 이런 고차원적 목적을 달성하지 못합니다.

자신의 소명을 발견하는 것이 삶에서 자신의 책무를 다하지 않는 걸 의미하진 않습니다. 생계를 위해 선택한 일을 더는 하지 못하게 된다는 말도 아닙니다. 그저 우리가 지금 평화가 있는 곳에서 시작하고 있는 것일 뿐입니다. 자신의 삶을 우주와 같이 완벽하고 조화롭게 드러낼 능력이 있다는 걸 알게 되면, 그 순간 우리의 삶은 진실로 훌륭한 작품이 됩니다.

역설적이게도, 이렇게 할수록 힘들게 부지런히 뒤쫓고 있던 모든 것이 인생에서 적절한 만큼 나타납니다. 대부분의 사람들이 벗어나지 못하고 추구하는 것들을 당신은 내려놓게 될 겁니다. 그렇지 않으면 스트레스로 가득하고 쳇바퀴 돌 듯 살아가면서 "해내야 해. 성과를 내야 해. 1등이 되어야 해. 나 자신을 입증하는 건 다른 사람들을 이겨 넘기는 것뿐이야."라고 말하게 됩니다. 하지만 내면을 조화롭게 계발하면 이런 것들이 인간으로서는 무척 낮은 단계의 수식어일 뿐임을 알게 될 겁니다. 지금 더 중요한 것에 집중하세요. 바로 삶의 사명 말입니다.

지금 이 순간을 살아라

미래나 과거를 삶의 목적으로 삼고 살 수는 없습니다. 지금, 오늘, 이 순간을 목적으로 살아야만 합니다. 사실 우리 머릿속에 정말 담고 있어야 할 개념, 자아에 휘둘리는 사고방식에서 벗어나게 해줄 개념은 바로 '현재'라는 것입니다. 서구 사람들은 '지금'

을 잘 살지 못합니다. 심지어 그 의미조차 모르고 있는 듯 보여요. 아마도 수많은 책임감과 규칙을 따라야 한다는 생각에 짓눌려 있기 때문이겠죠. 우리의 신경은 온통 좋은 가족이 되는 것, 매일 일을 하러 가는 것, 공과금을 제때 지불하는 것, 해야만 하는 일들에 쏠려 있습니다. 물론 이런 일들도 괜찮습니다. 하지만 우리를 열정으로 채워주진 않습니다.

지금 이 순간에 충실하고자 하면 지금을 즐길 수 있도록 스스로를 열게 됩니다. 해야 하는 일들로 압박을 받으며 즐거움과 기쁨을 나중으로 미루는 게 아니라요. 말씀드렸다시피 돈, 권력, 승진, 보상 등의 성취는 진정한 삶의 목적을 제공해줄 수 없습니다. 대출금을 갚게 해주고, 장식장 위에 올려놓거나 벽에 걸어둘 물건을 주긴 하지만 모두 외적 동기일 뿐입니다.

우리에게 삶의 목적의식을 제공하는 것은 내적 동기입니다. 내가 나를 어떻게 느끼는지, 내가 어떤 사람인지, 내가 얼마나 성장하고 세상을 얼마나 경험했는지 하는 것들 말입니다. 이런 일들이 중심이 되면 더 이상 인생의 사명을 찾아 헤매지 않게 됩니다. 그게 우리를 찾아올 테니까요. 행복도, 성공도 그렇지만 목적 역시 내가 어떤 존재인지에 달려 있습니다. 그것을 바탕으로 뭔가를 소유하고 행동하세요.

뭔가를 얻어내려면 목표와 계획이 중요합니다. 목표를 성취하는 여정 하나하나도 중요하지만 그 밖의 다른 과정들도 중요합니다. 융통성을 발휘할 여지가 조금도 남아 있지 않을 만큼 계획에 집착해서는 안 됩니다.

여행 계획을 세우기 전에 어느 정거장에 언제 도착할지를 미리 알아보고 계획을 세웠다고 합시다. 그런데 길을 나서자 전에는 한 번도 가보지 못한, 무척이나 흥미로운 장소가 나타났습니다. 이를테면 다음 날 로데오 경기가 열릴 예정인 곳이라고 해보죠. 그래서 그곳에서 하룻밤 묵고 다음 날 경기를 보고 싶은데, 당신은 그렇게 하지 않습니다. 왜냐고요? 전에 세워둔 계획과 목표들이 당신을 지배하고 있기 때문이죠. 자신이 바라는 것들에 대해 융통성 있는 적응 전략을 펼칠 수 있어야 건강한 삶을 살아갈 수 있습니다.

계획을 세우고 목표를 설정하는 일은 그것이 '현재'의 정신 속에 있어야, 현재의 순간에 머물러야 건강할 수 있습니다. 제게 있었던 일을 예로 들어볼까요? 몇 년 전 10월쯤에 처음으로 마라톤 경기에 나갔습니다. 1년 정도 전부터 달리기를 시작했는데, 그동안에는 마라톤에 참가하겠다는 생각조차 못 했죠. 그저 제가 매일매일 달리기를 할 수 있을지 알고 싶었을 뿐이었습니다.

그러다 어느 날인가 제가 매일 달리기를 할 수 있다고, 그것도 뛰고 싶은 속도만큼 뛸 수 있다고 제 몸이 알려왔습니다. 그리고 그것이 제 목표가 되었습니다. 어느 날 달리기를 시작했고, 다음 날 허벅지가 당기고 숨이 가빠왔지만 다시 달리기를 하겠다고 결심했죠. 그리고 다음 날 그 결심을 실행에 옮겼고, 그게 다시 다음 날로, 또 다음 날로 이어졌습니다.

3, 4주가 지나자 전 무려 3킬로미터를 달리고 있었습니다. 제가 목표를 높인 게 아닙니다. 오히려 제 몸이 자연스럽게 더 빠르고 더 멀리 뛸 수 있게 허락해준 거죠. 전 지금 이 순간에 충실하고 자신을 즐기는, 저를 위한 개인적이고 일상적인 목표를 매일 해나갔습니다. 1년이 흐르자 이런 목표들이 자동적으로 다음 단계로 올라갔고, 어느 날 전 42킬로미터짜리 마라톤 대회 출발선에 서 있었습니다. 1년 전에 누가 제게 "넌 1년 후에 마라톤을 하게 될 거야."라고 말했더라면 "아니, 사람이 어떻게 42킬로미터를 뛸 생각을 해? 미쳤군."이라고 응수했을 겁니다.

아무튼 전 세 시간 반 만에 마라톤을 완주했습니다. 어떤 사람들은 두 시간도 못 뛰고 포기했다는 소리를 들었지요. 전 이렇게 생각했었죠. '지금 세 시간 반을 뛰면 뭔가를 얻게 될 거야. 두 시간 후에 그만둔다면….' 전 다른 사람들보다 더 오래 달리게 된다면 그게 승리라고 생각했습니다. 아시다시피 모든 건 태도로 귀결됩니다. 무엇을 믿느냐에 달린 것이죠.

살을 빼려 한다든지, 금연을 시작하려 한다든지 같은 습관을 고치려고 한다고 해봅시다. 제가 보기엔 살을 빼는 것 같은 문제를 공략하는 합리적인 방법은 오직 이렇게 중얼거리는 것뿐입니다. '오늘은 당을 섭취하지 말아야지.' 금연을 하려고 한다면 '오늘, 딱 24시간 동안 담배를 끊어야지.' 이렇게요. 누군가 "제가 정말로 할 수 있을까요?"라고 묻는다면 전 이렇게 대답할 겁니다. "물론이죠. 누구나 하루는 할 수 있어요. 그건 대단한 게 아니잖아요." 그래서 어느 날 하루 그 일을 하게 됩니다. 그리고 24시간이 지나면 새로운 사람이 되어 있죠.

이런 말을 해서는 안 됩니다. '어쨌든 내일이면 당을 충전하고 싶어질 거야. 누굴 속이겠어? 내일 저녁이면 초코 시럽을 얹은 바닐라 아이스크림이 먹고 싶어질 거고, 그러면 난 여느 날 밤처럼 먹게 되겠지.' '남은 평생 동안 아예 아이스크림을 먹지 말아야 한단 말인가?' 이는 자아에 휘둘리는 생각입니다. 이런 생각이 무엇보다 빠르게 당신을 냉장고로 인도합니다. 스스로 이렇게 말하지 마세요. 그렇지 않으면 매일 밤 아이스크림을 먹을 겁니다.

대신에 하루를 마무리하면서 자신에게 이렇게 말하세요. '난 24시간 동안 내 몸에 아이스크림을 공급하지 않았어.' 금연을 시도하고 있다면 '난 24시간 동안 내 몸에 니코틴을 주입하지 않았어.'라고요. 하루가 지나고 나면 다른 사람이 되어 있을 겁니다. 그러면 또 하루를 더 하기로 결심하는 사람이 될 수 있어요. 지금 당장 자신을 아이스크림을 먹거나 담배를 입에 물고 싶어 하는 사람이 되게 놔두지 마세요. 24시간의 성공 경험이 있는 사람이 되어 다음 결심을 하는 사람이 되세요. 그러면 그다음 날 당신은 48시간 성공한 사람이 되고, 계속 그런 식으로 나아갈 겁니다.

우리에게는 매일 새로운 사람으로 거듭날 힘이 있습니다. 못 믿으시겠다고요? 알코올 중독자 협회원이었던 사람에게 한번 물어보세요. '하루에 한 가지'라는 캠페인을 확실히 믿었는지 말이에요. 뭐가 됐든 인생에서 '하루에 한 가지'를 다루세요. 오늘 하루 수많은 목표들을 손에 쥐고서 미래를 살지 않을 수도 있겠죠. 자신을 위한 목표들을 가지지 말라는 말은 어불성설일 겁니다. 모두 한 가지 목표를 가집니다. 지금 이 순간 그것에 관해 얼마나 많은 일을 할 수 있느냐, 그게 중요한 겁니다.

미래에 뭔가를 이루기 위해 지금의 즐거움이나 목적을 나중으로 미루기보다는 매일을 충만하게 살아야 합니다. 그렇게 한다면 완전히 다른 사람으로 탈바꿈할 겁니다. 이것이 이해하기 가장 어려운 개념 중 하나입니다. 다시 말해 먼 미래 어느 날의 자신에 관한 목표를 세운다면, 거기에 도달했을 때 지금과는 완전히 다른 사람이 되어 있을 거라는 말입니다.

우리가 살 수 있는 순간은 바로 지금 현재 이 순간뿐입니다. 지금부터 5년 후 어떤 사람이 되어 있겠다는 바람은 지금 이 순간, 이 육신으로, 지금을 살아가는 방식으로 이 자리에 있을 거라는 추정입니다. 그렇습니다. 그건 말 그대로 추정입니다. 늘 '5년 후'라는 관념을 가지고 있다면 그걸 얻어낼 수 없을 순간이 옵니다. 누구나 미래는 보장할 수 없으며, 과거는 보트 뒤에 남은 항적처럼 흘러가 버리니까요. 우리가 살아야 하는 순간은 바로 지금 현재입니다.

여정을 즐기는 지혜

뭔가를 할 때 중요한 점은 원하는 것이 이미 이뤄진 듯 행동하는 겁니다. 그러니 이렇게 말하지 마세요. "이런 목표들을 세우고 정말로 열심히 노력하면 내가 원하는 걸 얻을 거야!" "나중에 목표를 달성하면 얼마나 흥분될까?" 행복과 성공은 모두 내적 개념이며, 소망도 마찬가지입니다. 만일 목표를 달성하기 위해 노력했기 때문에 행복해진다고 생각한다면 외적으로 분투하는 삶을 살게 될 뿐입니다. 우리가 가져야 할 마음가짐은 이미 이뤘다는 심리 상태이지, 분투하는 심리 상태가 아닙니다.

랠프 왈도 에머슨은 이렇게 말했습니다. "그 순간을 마무리하는 것, 길 위에 내딛는 발걸음마다 그 여정의 끝을 찾는 것, 좋은 시간들로 삶을 채우는 것, 그것이 지혜다." 또 이런 말도 들어본 적 있을 겁니다. "이것은 여행이다. 목적지가 아니다." 성공과 행복을 불러일으키기 위해 중요한 건 여정을 계속해나가는 발걸음마다 목표를 떠올리는 것입니다.

분투하는 데 온 정신을 쏟으면 한계를 모르는 사람이 될 수 없습니다. 미래에 도달해야 할 목표에만 에너지를 쏟으면 '더 많이'라는 병으로 고통을 받는, 자아에 휘둘리는 사람이 됩니다. 목표에 도달했을 때 그것으로 뭘 할지 모르게 되는 거죠.

이런 사람들은 얻어낸 것들을 어떻게 다뤄야 할지 몰라 안절

부절못하면서 목표를 더 높이게 됩니다. 목표가 10만 달러를 버는 것이라면 10만 달러를 벌었을 때 20만 달러를 벌어야 할 것 같다고 느끼는 거죠. 그러면 더 애쓰게 되고, 삶이 더 고통스러워지고, 더 큰 목표에 도달하기 위해 더 많이 시도하게 됩니다. 그리고 결국 거기에 도달한다고 해도 어느 날 갑자기 자신이 늙었음을 깨닫습니다. "대체 내 인생에 무슨 일이 일어난 거야?"

진실하게 살아가고 있다면 목표를 추구하는 게 잘못된 것은 아닙니다. 그 진실은 우리가 삶에서 가질 수 있는 가장 중요한 것입니다. 앞서도 말했다시피, 진정성은 무척이나 중요합니다. 입에서 나오는 말이 온전히 그 의미 그대로이고, 당신 자신이어야 한다는 말입니다. 실수를 저지른다고 해서 곧 우리의 가치가 떨어지는 건 아닙니다. 그건 그저 그 실수에서 배워야 할 게 있다는 의미일 뿐입니다. "난 실패했고, 그래서 형편없는 인간이야. 내가 진실하지 못했던 것 같아."라고 말하지 말고, 실수에서 배워야 할 것을 받아들이도록 배우세요.

부족한 것을 보완하겠다는 관점에서 목표를 설정할수록, 삶은 분투의 현장이 됩니다. 그러면 원하는 곳에 도달했을 때 오히려 그 상태에서 어떻게 해야 할지 모릅니다. 그 목표가 달성된 것을 예상하는 데만 삶이 맞춰져 있었기 때문이죠. 커피를 마시면서 그다음에 마실 커피를 생각하나요? 애피타이저를 먹으면서 디저트를 떠올리나요? 지금 먹고 있는 음식의 맛을 누리지 못하고 앞으로 나타날 것에만 신경 쓰고 있는지 자신을 돌아보세요. 현재의 순간에 몰입해 절정 상태에 도달하는 건 가장 큰 깨우침을 주고 가장 큰 힘을 가지게 해주는 일입니다.

소설가 도스토옙스키에게 일어난 일입니다. 그가 살던 1860년대 러시아는 차르의 통치 아래 있었습니다. 젊은 시절 도스토옙스키는 함께 문학 동호회를 하던 동료들과 모스크바에서 재판을 받게 되었죠. 인간은 스스로 생각하고 선택할 권리를 가져야 한다는 체제 전복적인 생각을 입 밖에 냄으로써 군주정을 무너뜨리려는 시도를 했다는 이유에서였습니다.

도스토옙스키는 이 동호회 회원으로 기소당해 사형 선고를 받았습니다. 모스크바로 보내진 그에게 사형 선고일이 다가왔고, 그는 다섯 명의 동료들과 총살대에 세워졌습니다. 첫 번째 친구의 눈에 검은 천이 씌워졌고 총이 발포되었습니다. 그다음 친구도 같은 운명에 처했습니다. 도스토옙스키는 자기 바로 옆 친구가 죽는 모습을 봤습니다.

이윽고 그의 눈에도 검은 천이 씌워지고 발포 준비가 되었습니다. 그의 차례가 다가왔습니다! 위대한 작가가 될 청년은 그 작품을 시작조차 못 했는데 말이죠! 총이 발포되기 직전, 그와 다음 차례였던 남자 둘은 목숨을 구했습니다. 어떤 이유에서인지 모르지만 차르가 마음을 바꿔 10년간의 강제노역을 명령했던 것입니다.

당시 도스토옙스키는 지금 이 순간의 가치와, 그 순간을 어떻게 써야 할지에 대해 배웠고 이를 글로 썼습니다. 그는 사형을 선고받고 감방에 갇혀 있을 때 바퀴벌레 한 마리를 봤는데, 아무 분노가 일어나지 않았다고 했습니다. 그 바퀴벌레는 그가 발로 짓이겨 죽여버리고 싶은 더러운 생명체가 아니었던 겁니다. 그것은 살아 있었고, 기적이었죠.

우리가 다른 계획을 세우느라 바쁠 때 우리에게 일어나는 일이 바로 인생이라는 속담이 있습니다. 그렇습니다. 어디에 있든지 간에 명심하세요. 당신의 삶에서 모든 순간이 살아 있기에 기적이라는 것을요. 미래에 벌어질 어떤 일에서 기적을 찾는 건 그만두세요. 그리고 깨달음의 길을 따라가는 모든 발걸음을 즐기시길 바랍니다.

일기쓰기	**이 장에 앞부분(182쪽)에서 언급했던 규칙 목록을 살펴보세요. 그중 찔리는 게 있나요? 이런 외적 동기에 따라 먼 미래를 내다보며 살고 있나요? 그렇다면 어떻게 다른 식으로 살 수 있을지 생각해보고, 그것을 적어보세요. 그 글이 당신의 방향과 당신이 지금 어디 있는지 알려줄 겁니다.**

제10장

자신의 행복을 따라가라

Follow Your Bliss

이제 인생의 사명에 대해서는 모두 말씀드린 것 같습니다. 우리는 깨달음의 길을 걸어가면서 무엇을 배워야 할지를 알게 되었습니다. 그래도 여전히 시간이 좀 필요한 분이 있을 겁니다. 어떤 분들에게는 좀 더 많은 시간이 필요할 거고요. 누군가가 서른 번의 경험을 하는 데 1년이 걸린다면 누군가는 30년이 걸립니다. 이 말은, 어떤 이는 삶에서 더 많이 얻고 성장하는 데 신경을 쓰지만 어떤 이는 같은 일을 계속 반복하며 살아간다는 겁니다. 이런 태도는 인생을 긍정할 것이냐, 비관할 것이냐를 가릅니다. 모두가 같진 않죠.

의사인 친구 하나가 언젠가 이런 말을 했습니다.

"이 일은 날 정말이지 갉아먹어. 완전히 고갈된 기분이 들어. 물론 돈도 많이 벌었고 많은 걸 가졌지만 내가 바랐던 건 이 일이 아냐. 난 스포츠 해설자가 되고 싶었어."

그는 고교 시절에 스포츠 해설자로 꿈을 키웠더라면 멋진 인생이 되었을 것이라고 생각했습니다. 제가 말했습니다.

"그런데 왜 그 일을 하지 않은 거야? 넌 의사고, 그건 무척 고귀한 직업이야. 어떻게 자기가 하고 싶지 않았던 일을 몇십 년 동안 계속할 수 있었어?"

"아주 오래전에 의사가 되겠다고 결심했고, 이제 와서 그걸 바꿀 수는 없지. 난 의사고 그게 나니까."

"네가 의사가 되어야 한다고 누가 결정했지?"

"나지. 열여덟 살의 나."

"넌 10대에게서 네 삶의 방향에 대한 진로 조언을 들을 거야? 겨우 열여덟 살짜리를 믿을 수 있냐고."

"어떻게 그러겠어?"

"그런데 지금 네가 말하는 게 딱 그거 아니야?"

만일 당신이 제 친구처럼 수년 전에 했던 계획을 바꾸고 싶다면 어떻게 할 건가요? 스스로 택한 일을 하고 있는데 그 일을 좋아하지 않는다든지, 더 이상 그 일에 새로운 도전이 없어서 고민하고 있을 수도 있죠. 하지만 당신은 기존의 계획에 단단히 묶여 있어 바꿀 수 없다는 무력감을 느끼고 있습니다.

자신이 행복하지 않다면, 지금 이 순간 하고 있는 일에서 만족감을 느끼지 못하고 있다면 우리에겐 그걸 바꿀 수 있는 선택권이 있습니다. 지금까지 해온 일에 집착하지 마세요. 지금까지 해온 일은 그저 한때 당신이 했던 선택들일 뿐, 우리에게는 언제나 마음을 바꿀 힘이 있습니다.

제 친구가 열여덟 살이고 의사가 되기로 결심했고 힘들게 공부해서 의과대학에 들어갔는데 아쉽게도 마음이 바뀌었다고 합시다. 그것도 괜찮습니다! 마음이 바뀐 게 바보 같거나 실망스러운 일은 아닙니다. 퇴보하는 것도 아니에요. 사실 계획을 바꾸는 것은 인생에서 자신이 정말로 바라는 바가 무엇인지 더 빠른 시간 안에 알려주는 계기일 수 있습니다.

기억하세요. 실패는 기회가 될 수 있습니다. "난 지금 이 방향으로 가야 할 것 같아."라며 자신에게 적합하지 않은 계획을 계속 밀고 나가기보다는 무엇이 적합한 것인지 찾아야 합니다. 어째서 자신이 하고 싶지 않은 일을 하는 데 소중한 시간을 쓰려고 하는 건가요? 누구도 자기 인생에 주어진 시간이 얼마나 길지 알지 못합니다. 하지만 이것만은 보증할 수 있습니다. 생각의 틀을 다시 짜고, 이 책에서 제가 지금까지 말했던 기술들을 받아들인다면 그 인생은 충분히 오래, 그리고 훨씬 더 의미 있어질 겁니다.

내 인생의 운전자는 오직 나

강연에서 인생의 여정을 바꾸라는 이 주제를 꺼내 들면 청중석에서 웅성거리는 소리가 들려옵니다.

"그래요. 그런데 전 가장으로서 책임을 져야 한다고요."

"그런데 대출이 남아 있다고요."

이 책을 읽는 당신도 이런저런 생각들을 떠올리고 있다는 걸 저도 잘 알고 있습니다. '그런데'의 이유는 수도 없습니다. 또한 이 '그런데'들은 불안에서 시작된 것입니다.

실패를 꺼리는 한 결코 성공할 수 없습니다. 그건 분명합니다. 전설의 홈런 타자 베이브 루스가 홈런을 60번 친 해에 똑같이 89번의 스트라이크아웃을 받았다는 것을 알고 있나요? 홈런을 치고 싶다면 스트라이크아웃을 기꺼이 감수해야 합니다. 그 과정에서 우리는 자신이 어디 있는지, 그 길에서 어떻게 하고 있는지를 볼 기회가 생깁니다.

다른 사람보다 더 나아지는 데 집중하라는 말이 아닙니다. 모두를 이겨 승자가 되어야만 한다면 결국 패자가 되기 때문입니다. 누구도 모두를 이길 수는 없으며, 승자라고 해서 더 훌륭한 사람인 것도 아닙니다. 이것은 승리에 관한 정의로서도 전혀 적합하지 않습니다. 다른 사람을 이겨야만 자신이 어떻게 하고 있는지 판단할 수 있다면, 다른 사람의 성과가 자신이 잘하고 있는지를 결정할 겁니다.

한계를 모르는 사람은 자신이 어디에 있는지 판단하기 위해 다른 사람을 살펴보지 않습니다. 그들은 이렇게 말합니다. "저건 저 사람이 하는 방식이지. 저건 저 사람의 속도야. 나와는 관계없어. 내가 있는 곳에서 내가 어떤 사람인지 판단하자."

골프 대회에 나가 사람들과 경쟁하는 것이 잘못된 일은 아닙니다. 하지만 그것으로 자신이 어떤 사람인지, 얼마나 가치 있는지 평가해선 안 됩니다. 경쟁자에 비해 자기 기술이 어느 정도인지를 판단하는 일이 돼야 합니다. 그리고 경기가 끝나면 그것으로 끝내야 합니다. 또 어느 순간에는 실패를 두 팔 벌려 끌어안아야 합니다. 이것이 배움의 방식이기 때문입니다. 승리에서는 그 방식을 유지하는 것 외에 배울 게 많지 않습니다. 하지만 손실이나 실패로 고통을 겪는 건 멋진 경험이 됩니다. 이것이 성장할 기회이기 때문입니다. 그래서 제게 사업상 실패는 걱정거리가 되지 않습니다.

또 다른 공포는 '사람들이 날 좋아하지 않을 거야', '사람들이 날 인정하지 않을 거야'라는 생각입니다. 깨달은 사람들은 다른 사람들의 생각이나 말에 휘둘려 살지 않습니다. 심지어 거기에 신경쓰지도 않죠. 그들은 이렇게 말합니다. "난 내 내면의 신호가 뭘 하라고 말하는지에 집중하고 있어. 다른 사람에게 상처 주지도 않고, 그들이 선택한 인생에 간섭하지 않는다면 내가 하는 모든 일은 괜찮습니다. 이게 도덕률입니다. 누구나 자기 주먹을 휘둘러 자기 코 모양을 원하는 대로 만들 수 있는 권리가 있습니다. 괜찮습니다. 그게 도덕률입니다.

사람들의 말이나 생각, 감정 같은 외적 동기에 기대어 살아간다면 당신에게 동조하지 않는 누군가는 늘 있을 겁니다. 언제나 모든 사람을 만족시킬 순 없습니다. 그건 불가능해요. 위대한 아이디어는 혁신가에게서 나옵니다. 혁신가란 색다른 일을 하는 사람이며 모두를 만족시키려고 애쓰지 않는 사람이죠. 모두를 만족시키고자 애쓰거나 모두와 같은 식으로 하려고 한다면 과연 당신이 내놓게 되는 건 무엇일까요? 모두와 똑같은 걸 내놓겠죠.

자기만의 고유성을 갖춰야 할 때입니다. 당신은 특별합니다. 따라서 누구도 진정으로 당신을 이해할 순 없습니다. 당신은 고유한 생명체이며, 누구도 당신 머릿속에 있는 걸 알 수 없고 당신이 행동하는 것만 볼 수 있습니다. 따라서 당신 인생의 주인은 오직 당신뿐입니다. 직업 역시 마찬가지입니다. 살면서 저는 이 사실을 계속 되뇌입니다. 당신의 거울에 비친 바로 그 사람이야말로 당신이 매일 대답을 들어야 할 사람입니다.

떠나는 자에게 복이 있나니

지금의 직업에 만족하지 못한다면 우선 현재 하고 있는 일에 대한 자신의 태도를 바꿔야 합니다. 한계를 모르는 사람은 독방형을 선고받아도 스스로 유리한 상황을 만들어냅니다. 어떤 사람은 제아무리 끔찍한 환경에 처해도 그렇게 할 수 있습니다. 나치의 강제수용소에서 살아남은 사람들을 생각해보세요. 풀 한 포기, 햇빛 한 줄기, 빵 한 조각에도 아름다운 이야기를 나누며 그 순간에 충실했습니다. 이런 환경에서도 그렇게 할 수 있는데, 우리가 태도를 바꿀 수 없고 더 개선할 수 없는 일이라는 게 세상에 있을까요? 어쨌든 그렇게 했을 때 비로소 밖으로 나가서 다른 일들을 할 기회를 잡을 수 있습니다.

태도를 바꾸려고 하지만 여전히 목적의식의 중요성을 느끼지 못하고 있다면 이제 위험을 감수할 때입니다. 지금 처한 환경을 바꾸세요. 지금 하는 일에서 떠나세요. 당신 인생이 결딴나게 두지 마세요. 매달 공과금을 지불하기 위해 일한다면 변화가 필요한 사람은 바로 당신입니다. 조언을 받아들여야 하는 사람이죠.

마크 트웨인의 말 중에 제가 좋아하는 말이 있습니다.

"나는 노인이고, 수많은 문제를 가지고 있었다. 하지만 그것들 중 대부분은 일어나지 않았다."

당신이 머릿속에 떠올린 무척이나 끔찍한 일들, 새로운 시도를 한 결과로 벌어질 거라고 생각하는 그런 재난은 모두 당신의 머릿속에만 있는 것입니다. 거기에서 나와서 해야 할 일을 하세요. 새로운 일을 해보고, 지금 관계에서 벗어나고, 다른 지방이나 나라로 이사를 해보고, 늘 하고 싶었던 것을 해보세요. 처음에는 힘이 들고 돈을 많이 벌지 못할 수도 있습니다. 하지만 기회는 있습니다. 당신은 실제로 더 나은 일을 하게 됩니다. 대부분의 사람은 개인적 사명, 목표를 갖는 게 매우 귀중함을 알고 있습니다. 자신에게 중요한 일을 할 때 하루하루를 어떻게 느끼게 될까요?

지금 제가 말하는 것에 관한 고전적인 예 하나를 들어볼게요. 저는 대학에서 교편을 잡은 적도 있고, 뉴욕에서 심리상담사로 일하기도 했습니다. 수없이 많은 강연을 하고 그 밖에도 다양한 일들을 했죠. 전 좋은 대학에서 탄탄하게 자리 잡고 있었지만 교수직은 제가 바라는 목적의식을 주지 못했습니다.

"난 이 일을 원하지 않아. 난 글을 쓸 거고, 강연을 할 거고, 텔레비전 쇼에 나갈 거야. 난 이 모든 일이 일어나게 할 거야."

지금처럼 유명해지기 전에 절 알았던 사람들은 제가 이 말을 모두에게, 모든 수업에서 했다는 걸 알 겁니다.

저는 이런 말을 많이 들었습니다.

"세상에는 자기계발서가 한 권 더 필요하지 않고, 우리에게 뭘 하라고 말하는 심리학자 한 명이 더 필요하지도 않아요."

하지만 전 개의치 않았어요. 《행복한 이기주의자》를 썼고 기꺼이 그 기회를 잡을 출판사를 찾았습니다. 출판사에서는 제가 유명한 사람이 아니라서 책 홍보를 위해 지역 방송국에 출연할 순 없을 거라고 말했죠. 전 이렇게 말했습니다. "좋습니다. 그러면 제가 WBAB에 가겠어요." WBAB는 뉴욕 바빌론에 작은 기지국 다섯 곳을 보유한 방송사입니다. 거기에서 처음으로 인터뷰를 했죠. 그리고 곧 다른 라디오 방송국과 텔레비전 쇼에 출연했어요.

또한 출판사는 제가 지역에서 강연할 때 판매할 책을 보내주지 않을 거라고 말했어요. 그때 저는 이렇게 말했습니다. "괜찮아요. 제가 가지고 가면 됩니다." 어쩌면 책의 2쇄를 찍을 수 없을지 모르겠다는 말을 들었을 때도 "1쇄 남은 것을 제게 보내주세요."라고 말했죠. 그리고 어느 날 책 2,000부가 제 집 창고로 배송되었습니다. 출판사에서 2쇄를 찍지 않을 거라고 공식적으로 알려왔을 때도 "그럼 출판사에는 1쇄가 한 부도 안 남아 있는 거네요. 다 팔린 거죠."라고 말했죠. 물론 제가 그 책들을 샀지만 말입니다.

당시 그 책을 몽땅 살 돈이 없어서 좀 빌려야 했지만 저는 제 꿈이 실현되는 일을 한 거였습니다. 그 일로 조금이라도 마음이 흔들린 적은 없었어요. 그리고 라디오 쇼에 출연했을 때, 이런 질문을 받았습니다. "어디서 그 책을 살 수 있죠?" 전 어느 지역에 가든 근처에 있는 서점을 모조리 알아두었기 때문에 "이 지역에서는 이 서점에서, 저 지역에서는 저 서점에서 살 수 있습니다."라고 대답할 수 있었죠.

곧장 서점들에서 그 책을 보유하고 있지 않다는 전화들이 걸려오기 시작했습니다. 그러면 저는 그 서점에 트럭을 몰고 가서 《행복한 이기주의자》를 주었죠. "벌써 이 책에 대한 문의가 몇 번이나 왔어요. 이게 어디 있었나요?"라는 질문에 책을 건네며

"여기에 몇 권 두고 가도 될까요? 팔리지 않으면 저한테 다시 보내셔도 되니까요."라고 대답했습니다. 서점은 승낙했죠. 이렇게 스스로 제 책을 유통했고 책은 다 팔렸습니다.

저는 전국을 돌아다니면서 수많은 인터뷰를 했고, 도시에서 도시로 운전을 했습니다. 〈더 투나잇 쇼〉에 출연하려고 여러 번 시도한 끝에 마침내 섭외 전화를 받았고, 《행복한 이기주의자》의 인기가 급격하게 올랐습니다. 나중에 어떤 말을 들었는지 아세요?

"이봐, 자넨 운이 좋군. 딱 맞는 때에 그걸 냈으니 말이야. 세상이 자네에게 유리하게 돌아가고 있구먼."

아침에 눈을 떠보니 성공한 사람이 어젯밤에 했던 수많은 일들을 이해하는 사람은 아무도 없는 듯했습니다.

1976년 대학 종신교수가 될 기회, 삶을 안정적으로 만들어줄 많은 기회들을 뒤로하고 전국을 돌며 《행복한 이기주의자》에 쓴 이야기들을 하러 다닐 때, 모두가 진짜 미쳤다고 말했습니다. 하지만 그들이 하는 말들을 한마디도 귀담아듣지 않았어요. 저 자신이 하는 소리만 들었죠. 내면의 신호들은 이 일을 해야 한다고 가리키고 있었어요. 제게 옳은 일을 그만둘 순 없었습니다.

수없이 말했듯이, 글쓰기는 늘 저 자신이었습니다. 제가 절대 그만둘 수 있는 게 아니었죠. 책을 단 한 권이라도 팔 수 있을지 없을지와 관계없이, 글 쓰는 일이 정말 좋았습니다. 글을 쓸 때 더없이 충만함을 느꼈고, 지워지지 않는 발자취를 남기고 있다는 걸 알았죠.

교수직을 사임하고 제가 정말로 믿고 사랑하는 일을 한 첫해에 저는 지난 35년 동안 번 것보다 더 많은 돈을 벌었습니다. 정말 그랬습니다. 제가 행운아여서도 아니고, 어떤 특별한 전환점이 있어서도 아니었습니다. 딱히 다른 사람들보다 기회가 많았던 것도 아닙니다. 사실 오히려 적었죠. 전 빈곤층으로 태어나 몇 년 동안 고아원과 위탁 가정을 전전하면서 자랐고, 제가 살아나갈 방식을 스스로 찾아야 했었으니까요.

하지만 제가 꿈이 있는 방향으로 자신 있게 나아갔기 때문에 전 그곳으로 갈 수 있었습니다. 제가 꿈꿨던 삶을 살 수 있게 된 거죠.

하는 일을 사랑하라, 사랑하는 일을 하라

최근 인디애나주의 한 공장에서 29년 동안 일한 어떤 분과 대화를 나눴습니다. 그는 사과나무 약 300그루가 심어진 자신의 과수원을 정말 사랑한다고 말했습니다. 그리고 수많은 종류의 사과에 대해 해박했죠. 물을 얼마나 줘야 하는지, 어디에 심어야 하는지, 언제 수확해야 하는지, 어떤 농약이 안전한지 아닌지 등 사과에 대해서는 너무나 잘 알고 있었습니다. 그는 사과 이야기만 나오면 눈이 반짝거렸지만 여전히 자기 삶의 99퍼센트는 좋아하지 않는 일을 하면서 보내고 있었죠.

"선생님의 행복은 그 과수원에 있는 것 같은데요."

제가 말하자 그의 얼굴에 엄청 커다란 미소가 걸렸습니다.

"아, 전 과수원으로 나갈 때가 정말 좋아요. 그 순간 제가 하느님이 된 것만 같아요."

"그 일을 할 방법이 없나요? 다른 일을 하지 않고요. 지금 하고 있는 일을 접고 자신에게 진실하게 살 수는 없나요?"

"과수원으로 생계를 꾸려나간다는 생각은 한 번도 해본 적이 없네요."

"누군가 사과를 사러 왔어요. 사과잼과 사과파이를 만들려고요. 선생님의 행복이 무엇인지 알고 있다면 그걸 받아들이는 조금의 위험만 감수하면 될 것 같은데요. 그런데 왜 하지 않죠? 스스로에게 기회를 줘보는 건 어떠세요?"

제가 그에게 전하려고 했던 말은 "자신이 하는 일을 사랑하고, 자신이 사랑하는 일을 하세요."였습니다. 누구나 그렇게 할 수 있습니다. 우리가 하고 있는 것이 무엇인지는 그렇게 중요하지 않습니다. 하지만 그것이 싫다면 선택을 할 수 있죠. 첫 번째 선택지는 "자신의 행복을 따르라."라는 조지프 캠벨의 말처럼 위험을 감수하는 겁니다.

위험을 감수하는 일이 꺼려진다면 태도를 바꾸면 됩니다. "좋아, 내가 공장에서 일하는 시간은 하루 6~8시간이야. 퇴근하고 사과 과수원에 가면 되지." 그동안 해온 일을 하면서 그 일을 부정적으로 대하지 말고 재미있는 것으로 만드는 방법을 배우는 거예요.

처음에는 이런 과정이 불편하게 느껴진다 할지라도 우리는 변화할 수 있습니다. 우리를 지지해주는 사람들이 우리가 내면의 신호를 듣고 그 일을 하게끔 지원해줄 겁니다. 내면에서부터 즐겁게 산다면 가진 것이 적어도 풍요롭게 살 수 있음을 알게 될 겁니다. 많은 것을 소유하고 많이 모으면 행복해질 거라는 생각은 그저 신화에 불과합니다.

위험을 감수하지 않는다면, 늘 그래왔기 때문에 하던 일을 고수한다면 변화는 일어나지 않습니다. 그러면 당신에게 돌아올 것은 오직 자신의 불행을 비호하는 일밖에 없죠. 자신에겐 어쩔 수 없는 한계가 있었다고, 그 한계 때문에 얻을 게 한정적이라고 말하게 된다는 말입니다.

새로운 기회에 도전하는 일이 위험하다고 저는 생각하지 않습니다. 특히 자신이 좋아하는 것을 할 때는 더욱 그렇습니다. 성공한 자신의 모습을 그려보고 그 일을 할 것이라고 믿으면, 다른 그림은 머릿속에 떠오르지 않을 겁니다. 마치 그 일을 하러 간 것 같은 그림이 내면에서 계속 공급되겠죠. 그 그림을 안내자로 삼고 계속 붙들고 있다면 그 일이 일어나지 않을 수 없을 거예요. 그게 자연의 섭리입니다.

장애물에 관해서는, 어떻게 행동을 변화시켜야 하는지 알아차리고 이를 조정할 기회로 보는 법을 익힌다면 어느 정도 시간이 지났을 때 더 이상 위험이 아니게 됩니다. 위험은 오직 처음 여정을 시작한 사람들에게, 그 모든 것이 얼마나 쉽고 얼마나 완벽한지를 찾기 시작한 사람에게만 위험으로 느껴지는 겁니다. 더 멀리 나아갈수록 위험은 더욱 작아집니다. 당신이 한계를 모르는 사람이 된다면 실패를 하든, 누군가가 싫어하든, 자신에게 잘 맞는 일을 하든 말든 그것은 중요하지 않습니다. 이런 것들은 더 이상 고려 대상이 아닙니다.

기회를 잡게 된다고 해도, 자신이 되고 싶은 사람에 관한 생각을 지속하는 것이 현명합니다. 아직 어떻게 해야 성공으로 갈 수 있을지 모른다 해도 그렇게 해야 합니다. 여전히 앞길이 보이지 않는다 해도 그 길로 가는 걸음을 내디디도록 스스로를 격려해야만 합니다. 그냥 해야 합니다. 해야 하는 겁니다.

우리 앞에 펜 한 자루가 있고 제가 이렇게 말한다고 해봅시다.

"제가 당신에게 바라는 건 이 펜을 집어 들려고 시도하는 거예요."

그러면 무슨 일이 일어날까요? 당신은 펜을 집어 듭니다. 시도하는 게 아니라요!

시도는 '펜을 집어 들지 않은 것'이라고도 말할 수 있습니다. 아직 펜이 '들리지' 않은 것이죠. 하지만 펜을 집어 들 때 펜은 공중으로 '들어 올려져' 있습니다. 시도는 인간이 만들어낸 개념입니다. '하는' 것이 중요합니다. 자리에서 일어나 자신이 사랑하는 일을 하세요. 인생의 사명을 깨닫고 충족감을 얻을 겁니다.

여전히 앞길이 보이지 않는다 해도
그 길로 가는 걸음을 내디디도록
스스로를 격려해야만 합니다.
그냥 해야 합니다.
해야 하는 겁니다.

초심자만이 얻을 수 있는 것

언젠가 불교와 동아시아 종교의 전문가로서 관련 서적을 5~6권 쓴 한 대학 교수에 관한 이야기를 들은 적이 있습니다. 그는 인도에 살고 있는 불가의 한 스승을 만나길 소망했고, 드디어 그 스승을 만나러 갔습니다. 스승은 무척이나 연로하고 평화로우며 친절했습니다. 교수는 불교에 관해 알고 있는 모든 것을 이야기하기 시작했는데 스승이 그의 말을 가로막고 물었습니다.

"차 한잔 드시겠습니까?"

"네, 너무 좋죠."

스승은 찻잔을 들어 찻잔 받침에 내려놓았습니다. 교수는 계속 자신이 알고 있는 것들을 떠들었습니다. 스승이 잔에 차를 따르기 시작했습니다. 교수는 계속 이야기를 했습니다. 찻잔에 차가 가득 채워졌지만, 스승은 차를 계속 따랐습니다. 차가 잔에서 넘쳐 찻잔 받침으로 흘러내렸습니다. 여전히 교수는 이야기를 하고 있었고 스승은 차를 계속 따랐습니다. 차가 바닥으로 흘러내려 교수의 발을 적셨습니다. 교수가 드디어 입을 열었습니다.

"스승님, 잔이 넘치고 있습니다."

그러자 스승이 대답했습니다.

"그대는 이 찻잔과 같습니다. 지식으로 너무나 가득 차 있고, 새로운 뭔가를 받아들일 자리가 없어요."

많은 사람들이 이 찻잔과 같습니다. 우리는 그동안 배운 온갖 것들로 가득 차 있고 뭔가를 받아들일 공간이 없습니다. 그냥 모두 쏟아부으면 우리 내부는 넘쳐흐를 겁니다.

이 이야기를 좀 더 생각해볼까요? 비워진 찻잔에 차가 담길 수 있듯이, 초심자의 눈에는 수백만 가지의 선택지가 존재하지만 전문가의 눈에는 한두 가지만 보입니다. 그래서 자신의 행복이 어디에 있는지 찾을 때는 전문가가 아니라 초심자의 관점에서 봐야 합니다.

테니스를 배우기 시작했다고 해봅시다. 전에 한 번도 테니스를 쳐본 적이 없는데 누군가가 당신에게 라켓을 쥐여주고 이렇게 말합니다. "이제 이런 식으로 드롭샷을 쳐보세요." 당신은 마음을 열고 "네, 그렇게 해볼게요."라고 기꺼이 말합니다. 그리고 그 방법으로 쳐봅니다. 초심자에게는 할 수 있는 방법이 수천 가지가 있습니다. 그리고 초심자는 그 모두를 시도해봅니다.

반대로 전문가에게 드롭샷 치는 방법에 대해 이야기한다면 그들은 오직 한 가지 방법만을 알고 있을 겁니다. 이건 비단 테니스만이 아니라 비즈니스, 인간관계, 삶의 모든 측면에서도 마찬가지입니다.

우리는 여정을 해나가면서 계속 초심자의 태도를 유지해야 합니다. 이전까지 들어왔던 것, 자신의 관점이 옳다는 확신을 얻기 위해 다른 관점을 거부하거나 부정하고 있나요? 자신이 알고 있는 것을 고수하고, 다른 관점을 부정적인 태도(거부하거나 판단하는 태도)로 대하고 있나요? 그러면 새로운 것, 흥미로운 것, 색다른 것, 자신을 성장시키는 것을 받아들일 내면의 자리는 없게 됩니다.

전문가를 경계하세요. 전문가가 되는 것을 경계하세요. 스스로 한계를 만들지 마세요. 스스로 한계를 만들면 행복이나 목적의식이 우리를 찾아올 수 없습니다. 마치 콜레스테롤로 혈관이 막혀서 혈류가 흐르지 않는 것처럼 말이에요. 막힌 혈관을 뚫어야 합니다. 그렇게 하려면 마음을 열고 자신감 있게 앞으로 나아가야 합니다. 그리고 자신에게 합당한 일, 자신을 기분 좋게 만드는 일, 다른 사람들에게 기여하는 일, 다른 사람들에게 유용한 일을 하는 겁니다.

《바가바드기타》에는 자신의 일을 하는 것이 더 나아지는 방법이라는 말이 있습니다. 다른 사람의 일을 완벽하게 하는 것이 아니라, 비록 완벽하지 않더라도 자신의 일을 해야 한다는 거죠. 많은 사람들이 이 교훈을 깨닫지 못하고 있는데 특히 서구 문화권에서 더 그런 것 같습니다.

자신의 행복을 좇거나, 자신이 되고자 하는 바를 추구하고 있다면 꿈이 있는 방향으로 자신감 있게 나아가는 행동 안에 진실한 동기가 있음을 알아두세요. 다른 사람들만큼 그 일을 잘하지 못한다고 해도, 다른 사람들이 생각하는 방식으로 하지 않는다고 해도, 인간으로서 당신은 훨씬 더 많은 깨달음을 얻고 더 나아질 겁니다. 다른 누군가의 일을 완벽하게 하는 것보다는 자신의

일을 자신에게 훨씬 더 잘 맞는 방식으로 행복하게 하는 것이 결국 다른 사람들에게 기여하는 일이 됩니다

기억하세요. 내가 누구인지는 내가 어떻게 생각하느냐에 달려 있습니다. 우리는 자신이 생각하는 대로 됩니다. 생각을 할 때 그런 존재가 됩니다. 이 모든 것을 계속 머릿속에서 떠올리세요. 그것이 가장 중요합니다.

조화를 이루게 되면 다시 그 조화를 나눠 주어야 합니다. 우리가 무엇을 해야 하는지, 왜 그 일을 하고 있는지가 분명해지고 거기서 절대로 떠날 수 없게 되죠. 사람들이 당신에게 기대하는 일을 한다면, 설령 그 일을 완벽하게 해낸다 할지라도 내면은 반감과 거부감, 부조화로 가득 찰 겁니다. 당신이 하고 있는 일에 대해 반감과 거부감, 부조화를 느낀다면 그 감정은 더욱더 확대될 거고요. 자신의 행복을 따르지 않는 한 당신은 진짜 당신이 될 수 없습니다.

전 오랫동안 여러 직업을 거치면서 자신을 찾아냈습니다. 그 직업들을 계속하는 동안에는 찾을 수 없었죠. 전 제가 정말로 사랑하는 것을 추구하기 시작했습니다. 이전에 하던 일보다 완벽하게 하지 못한다고 해도 그로써 저는 진정한 저 자신이 되었습니다. 제 생각, 제 영혼, 제 정신은 이제 더없이 행복하고 조화로워지기 시작했습니다.

내려놓을 것은 일이 아니라 집착이다

사람들이 거듭 물어보는 질문이 있습니다.

"대출금, 공과금, 보험료 등 낼 게 수없이 많은데 자신의 행복을 따르는 게 현실적인가요?"

그러면 전 이렇게 대답합니다.

"당신이 풍족함을 바란다면 당신의 삶에 풍족함이 다가올 겁니다."

이 말은 자기 삶의 방식에, 공과금을 지불하며 살아가야 한다는 믿음에 얼마나 경도되어 있는지를 보여줍니다.

헨리 데이비드 소로는 월든을 방문하고 이런 글을 썼습니다.

"단순한 삶, 단순한 삶, 단순한 삶! 말하건대 수백, 수천 가지의 일을 하지 말고 두세 가지 일만 남기라."

우리 역시 이렇게 할 수 있습니다. 우리를 비용을 처리하는 삶의 길에 서게 하는 외부의 압력을 줄이는 일을 하세요. 그렇게 생각하지 않을 수도 있겠지만 단순한 삶으로 돌아가는 게 훨씬 쉽습니다. 우리가 해야 할 것은 자신의 삶을 되돌아보고, 더 단순해지고, 다른 사람이 간섭하도록 두지 말고, 다른 사람들이 하는 일에 신경을 쓰지 않는 것입니다. 저 역시도 요즘 많이 실행하고 있는 일입니다.

또한 지금의 수입 수준과 상관없이 자신이 행복을 느끼는 분야에서 수입을 벌어들일 능력이 있음을 믿으세요. 위험을 감수하고 그것을 해나가겠다고 믿는 거죠. 생활비를 벌 수 있을지 여부는 당신의 역사 속에 있습니다. 생활비를 늘 잘 충당해왔다면 갑자기 그렇게 하지 못하는 사람이 되는 일은 없습니다. 하지만 스스로 생활비를 책임지지 못했던 사람이라면 자신의 행복을 따른다고 해도 계속 그것을 책임지지 못할 수도 있습니다.

자신의 인생 약력을 살펴보면 자신이 늘 책임감을 가지고 있었다는 사실을 알게 될 것입니다. 하지만 다른 일을 하게 되면 그 책임을 지지 못할 거라는 그림이 마음속을 비집고 들어오죠. 삶에서 자신이 책임졌던 모든 일, 자신이 밟아온 역사 전체를 보지 않고 "난 더 이상 생활비를 벌지 못할 거야."라는 갑작스럽고도 끔찍한 그림을 따라갑니다.

자기 삶에 대한 책임을 지지 않았던 사람들은 그들이 사랑하는 일을 하지 않아서 그랬던 게 아닙니다. 무엇을 해야 할지 몰라서였기 때문입니다. 이들은 그런 식으로 삶에 적응해온 겁니다. 열네 살이든 서른 살이든, 자신에게 날아온 청구서를 외면했고 계속 그렇게 했습니다. 그리고 은퇴할 때쯤엔 파산하죠. 많은 사람들이 인생과 환경과 불운 등 자신의 처지를 탓하는 말들을 입에 올립니다. 반대로 자기 삶에 책임을 졌던 사람들은 그게 뭐가 됐든 그 방식으로 살아가죠.

간디의 전기에서 기억에 남은, 무척이나 멋진 일화를 들려드릴게요. 어느 날 간디가 기자들로부터 그의 철학을 몇 글자로 정리해줄 수 있느냐는 요청을 받았습니다. 그는 위대한 베다어 문학인 《우파니샤드》를 인용했습니다. "내려놓고, 즐겨라!" 이 말은 당신이 하는 일을 내려놓으라는 말이 아니라, 일이 어떻게 될지에 대한 집착을 내려놓고 그저 그 일을 즐기라는 말입니다. '자신의 행복을 따르라.'라는 말 역시 마찬가지입니다. 자신의 행복을 따르면 이제는 부정적인 것들에 집착하지 않으며 그런 것들을 인생에 들여놓지 않을 때라는 사실을 발견할 겁니다.

해결책은 늘 우리 안에 있었다

많은 사람들이 자신의 행복을 따르는 일을 '말하기는 쉽지만 하기는 어려운 일'로 생각합니다. 저는 당신이 어렵다고 믿으면 어려운 것이라고 말씀드리고 싶습니다. 인생에서 벌어지는 모든 일이 그렇듯이 말이에요. 인간으로서 우리가 맞닥뜨리는 문제들은 직업적인 것이든, 인간관계든, 경제적인 것이든 정신적인 것이든 우리 안에 있습니다. 수도꼭지에서 물이 똑똑 떨어지는 것은 그냥 물이 똑똑 떨어지는 일일 뿐입니다. 그게 답니다. 다가올 세금 신고는 그냥 세금 신고일 뿐입니다. 그게 답니다. 아이가 대수학 과목에서 낙제를 했다면 그것도 그냥 대수학 과목 낙제일 뿐입니다. 그게 답니다.

내게 그것이 문제가 될 때 그건 내 것이 됩니다. 그게 내 것이 될 때 내 마음에서 내 것이 됩니다. 그걸 문제로 만드는 건 바로 내 마음입니다. 그것을 내 주변에 가져다놓고 계속 생각하고 품에 안고 잠이 들면 보이지 않는 나의 일부로 남아 있게 됩니다.

하지만 '그 문제를 어떻게 처리할까'와 같이 생각한다면, 즉 자신의 정신을 이런 식으로 사용한다면 이렇게 물을 겁니다. '해결책은 어디에 있지?' 그 해결책이 더 이상 물이 떨어지지 않는 수도꼭지라든가, 아이가 대수학에서 A를 받는다든가, 국세청이 세금을 환급해줄 거라든가에 있다고 생각한다면 착각입니다.

모든 문제는 우리 마음속에 있다고 말씀드렸죠? 따라서 해결책도 거기에 있습니다. 문제가 내 안에 있는데, 해결책이 외부에 있는 경우는 없습니다. 자기 내면에 존재하는 문제의 해결책을 밖에서 찾는 걸 그만두어야 적절한 선택을 할 수 있습니다.

이야기 하나를 들려드리죠. 한 남자가 열쇠를 잃어버렸습니다. 그가 바깥에 나가 가로등 아래를 찾아보는데, 친구가 다가와서 도와줄 게 있느냐고 물었습니다. 두 사람은 한참을 찾았고 친구가 물었습니다.

"열쇠를 어디에서 떨어뜨린 거야?"

"아, 집 안에서 떨어뜨렸어."

"그런데 왜 밖에서 찾고 있는 거야?"

"집 안에 불이 안 켜져서. 불이 켜진 가로등 아래에서 찾으려고 나왔지."

안에서 잃어버린 열쇠를 밖에서 찾으려고 하는 게 대체 말이 되는 일인가요? 어떤 문제에 대한 해결책을 밖에서 찾는 것도 이와 같습니다. 문제는 내면에 있는데 밖에 해결책이 있다고 생각한다면 착각입니다. 문제가 있다면 그건 당신이 생각하는 방식 때문입니다. 문제를 고칠 수 있는 유일한 방법은 자신의 생각을 바꾸는 것이고, 그러면 내면에서 해결책을 찾게 됩니다.

세금을 더 낼 게 없고 환급을 해주겠다는 국세청 통지를 받았을 때 "문제가 사라졌어."라고 말한다면 그건 잘못입니다. 문제가 사라진 건 당신이 그전에 그 사건을 처리하던 것과는 다른 방식으로 처리했기 때문입니다. 좀 납득하기 어려운가요? 다시 말해 어떤 문제에 대한 해결책은 늘 우리가 생각하는 방식 속에 있다는 말입니다.

자신의 행복을 추구하기 위해 우리는 먼저 그 일이 자신이 할 수 있는 일이라고 믿어야만 합니다. 할 수 없는 일이라고 생각하면 우리 삶의 환경은 사랑하는 것을 할 수 없게 되고, 하고 있는 것을 사랑할 수 없는 환경이 되며, 그 상황은 더욱더 커질 겁니다. 당신이 할 수 있는 것이 아니라 제가 할 수 있다고 말하는 것을 믿는다면 자신의 행복을 추구할 수 없습니다. 때문에 지금 당장 그만두는 것은 물론 이 책을 치워버릴 수도 있습니다.

'내게 주어진 상황에는 가능성이 존재한다. 나는 내가 사랑하는 것을 행복하게 행하고, 내가 하는 일을 사랑할 수 있다. 나는 그렇게 할 수 있다'라고 믿어야만 합니다. 그렇게 할 수 있는 해결책은 우리의 내면에 있습니다. 마찬가지로 그것을 하지 않는 문제 역시 우리의 내면에 있습니다. 더욱 행복해지기 위해 변화하고자 바깥에서 그 대상들을 찾진 마세요. 여기서 고려해야 할 세 가지 주요 사항을 살펴보죠.

1. 자신의 행복을 따르는 것이 가능하다고 믿어라

사랑하는 일을 하는 데 따르는 저항을 검토해봅시다. 성공, 성과, 성취, 소유에서 벗어나 사랑하는 일을 하지 못하게 하고, 하고 있는 일을 사랑하지 못하게 하는 것은 무엇인가요?

1,000명의 사람들과 이야기를 나누면 999명이 이렇게 말합니다.

"그건 비현실적이에요. 전 못 해요. 전 지금 하고 있는 일을 하기로 예전에 결정했어요. 싫어도 저는 이 일을 계속 해야 해요. 다른 일을 하면 가족들은 저를 지지하지 않을 거예요. 전 위험을 감수할 수 없어요."

제가 좋아하는 일을 하기 전의 제 삶을 돌이켜보면 분명 눈에 띄는 것이 있습니다. 교수이자 상담사로서 무척이나 잘해내고 있었지만, 저는 제가 원하는 일이 아닌 다른 사람의 일을 완벽하게 해내고 있었죠. 제가 작가가 되지 못했기 때문에, 제가 저만의 일에서 나와 있었기 때문에, 제가 제 열정을 좇지 않았기 때문에요.

전 매일 똑같은 일을 하고 있었습니다. 인생이 무척이나 반복적이고, 권태롭게 흘러가고, 창조적인 충동은 말도 안 되는 것으로 치부했죠. 그러다 올바른 길에 올라서는 시점이 왔습니다. 하고 싶지 않은 일을 더는 할 수 없는 시점이 온 겁니다. 여기서 어떤 사람들은 일상적인 일들에 아무 문제가 없을 수도 있습니다. 이런 사람들은 하던 일들을 계속합니다. 언젠가 해가 뜰 거라고 말하면서요. 하지만 저는 그렇지 않았습니다.

그보다 저는 어떤 인생이 행복한 인생인지 생각하게 되었습니다. 아침에 일어나서 옷을 갈아입는 대신, 파자마 바람으로 타자기 앞에 앉는 그림이 그려졌습니다. 제가 파자마 바람으로 일을 하는 것은 엄청 멋진 그림이었습니다. 침대에서 뒹굴다 타자기 앞으로 가서 제가 원하는 일을 하고 하루를 보내는 상상이 너무 좋았습니다. 스케줄을 써 내려가고, 글을 쓰고, 제 일을 널리 알리는 그 모든 일을 하는 모습이 그려지기 시작했습니다. 그 일을 하는 제가 보이기 시작했습니다. 생각을 바꾸면, 보고 있는 그림을 바꾸면 마침내 우리 안에 있는 신성神性이 바뀌게 됩니다.

그 일을 하는 자신의 모습을 더 보게 될수록 그것은 현실이 되기 시작합니다. 생각을 바꾸자 제 육신도 저의 꿈을 좇기 시작했죠. 매일 롱아일랜드 고속도로를 타고 직장을 오가면서 점점 더 불만에 찬 제가 보였습니다. 그러던 어느 날 아주 진절머리가 나서, 학교에 도착하자마자 곧장 학장실로 가서 사표를 냈습니다. 교수로서 미래가 약속되어 있었지만 그 일을 더 할 수가 없었습니다. 그래서 이번 학기가 끝나면 학교를 떠나겠다고 말했죠.

집으로 돌아오는 차 안에서, 지금까지 살면서 가장 평온한 순간을 경험했습니다. 늘 똑같아 보였던 고속도로의 모습이 달라 보이고 하늘이 달라 보였으며, 차 안의 내 모습도 달라 보였습니다. 마침내 인생에서 늘 바라던 자유를 실행하게 되었다는 생각에 엄청나게 흥분했고 기쁨으로 차올랐습니다. 이건 정말이지 돈에 관한 게 아니었죠. 일어나서 기회를 잡는 일이었습니다. 집에 돌아와 그에 따르는 위험들을 살펴보고 나서 곧장 전 이렇게 말했습니다.

"음, 감당할 수 있어."

2. 자신이 사랑하는 것을 하며 살 기회가 부족하진 않다

기회가 부족한 게 아니라 그 일을 실현하겠다는 결심이 부족할 뿐입니다. 이것은 무척이나 중요합니다. 이 지구상 어딘가에 당신이 좋아하는 일, 행복이라고 생각하는 일을 하며 살아가는 사람들이 있다는 걸 알아두세요. 결심이 서지 않는다면 그건 공포 때문입니다. '실패할지도 몰라. 잘 풀리지 않을 거야. 비웃음만 살 거야.' 이런 공포 말입니다.

기억하세요. 다른 사람들의 의견은 그냥 의견일 뿐입니다. 누군가가 당신에게 뭘 하라거나 뭘 하지 말라는 말에 동기를 부여받거나 인생의 방향을 정하지 말아야 합니다. 어째서 자기 삶을 살아나가는 방법에 대해 타인의 사설을 귀담아들어야 하나요? 무엇을 할지에 대해 사람들의 반대를 직시할 수 있으면 그것을 거스르는 일은 더 이상 위험이 아닙니다. 무엇을 하라거나 하지 말라고 하는 사람들의 의견은 당신과 관련된 게 아니에요. 그건 그들과 관련된 것입니다. 우리에겐 그들의 기대를 따라야 할 의무가 없죠.

다시 말하지만 깨달음의 길을 따라가면 거기에는 그런 것들이 실패도, 당신이 만들어낸 결과도 아님을 알게 될 겁니다. 해야 할 질문은 결과를 만들어내고 있느냐 아니냐가 아니라 자신이 만들어낸 결과로 무엇을 하느냐는 것입니다.

골프공을 티로 날렸는데 그 공이 옆으로 굴러갔다고 합시다. 하지만 이건 실패가 아닙니다. 결과를 만들어낸 겁니다. 이 결과를 가지고 당신은 많은 일을 할 수 있습니다.

"봤어? 난 골프를 칠 수 없어. 난 운동 못해. 난 골프에 재능이 없어. 난 늘 그랬어. 어떻게 할 수가 없어. 내 태생이 그래."

이렇게 온갖 변명을 하면서 공을 다시 안 칠 수도 있겠죠. 하지만 이렇게 말할 수도 있습니다.

"다시 한번 해보는 게 낫겠어. 이번에는 주의해서 스윙할 거야!"

그러고 나서 계속 연습을 할 수도 있겠죠. 챔피언들은 바로 이렇게 합니다.

당신은 뭔가에 실패한 것이 아닙니다. 모든 일에서 결과를 만들어내고 있는 겁니다.

3. 지금 하는 일을 바꾸기 싫다면 매일 그 일을 사랑하는 연습을 하라

어쩌면 당신은 지금의 직업을 포기하고 싶지 않을 수 있습니다. 많은 경우 이것이 합리적이죠. 이런 선택은 전적으로 합리적입니다.

불가의 선문답에 이런 말이 있습니다. "깨닫기 전에는 나무를 패고, 물을 나른다. 깨달은 후에는 나무를 패고, 물을 나른다." 깨달음은 나무를 패거나 물을 나르는 것과 관계 없습니다. 우리는 모두 같은 방식으로 나무를 패고, 물을 나릅니다. 깨달은 사람들은 하고 있는 일에 관한 생각의 틀을 다시 짜는 방법을 알고 있습니다.

자신의 행복을 추구하기 위해 지금 하고 있는 일에 변화를 주고 싶지 않다면 그 일에 관한 태도를 바꾸세요. 매일 직장에 가서 지금 하는 일이 너무 싫다는 생각을 하고 있다면 커지는 건 그 생각뿐이라는 걸, 그러면 싫은 일만 더욱 많아진다는 걸 기억하세요.

자신의 행복을 따르는 가장 중요한 열쇠는 자신이 하는 일과 사랑에 빠지는 겁니다. 그러고 나서 그 사랑을 전파하세요. 하고 있는 일을 전파하지는 못합니다. 당신이 만든 것을 전파하지도 못하고요. 하고 있는 일과 사랑에 빠지세요. 당신에게 의미 있는 인물이나 자녀들에게 그렇듯이 말입니다. 우리가 전파해야 할 것은 자신이 하고 있는 일에 대한 그 사랑입니다. 우리는 열정을, 흥분을, 기쁨을, 충족감을 전파해야 합니다. 자신의 일을 멋지게 여기고, 사랑하고, 거기서 평화와 고요를 느끼는 마음을 전파해야 합니다. 이것이 우리가 해야 할 일입니다.

전 나가서 제 책을 팔지 않았습니다. 전 제가 쓴 것을 사랑했고 그 사랑을 팔았습니다. 저의 열정을, 흥분을, 차이를 만들어내는 진짜 감정을 팔았습니다. 당신이 사랑, 열정, 흥분을 팔 수 있게 될 때 당신이 만들어낸 것에 어떤 차이가 생겨나는 건 아닙니다.

만일 당신이 치과 의사고, 자신이 하고 있는 일을 사랑하고 그 사랑을 팔고 있다면 이는 열정을 만들어내고 그 일을 하는 것을 사랑하게 될 겁니다. 사람들은 치아를 치료하러 당신에게 오고 싶어질 거예요. 만일 당신이 작은 기계를 팔고 있고, 열정과 흥분으로 그 일을 하고 있다면 사람들은 그 사랑 주변으로 모일 겁니다. 당신은 그 사랑을 파는 겁니다.

지금 하는 일이 반복적인 일상이 되어가고 있는데 은퇴까지 10년밖에 안 남았다는 이유로 그 일을 계속하기로 결심했다고 합시다. 여기서 당신이 할 일은 태도를 바꾸고 그 일에서 흥미로운 점을 찾는 것입니다. "이런, 내가 이걸 해야 한다니 믿을 수가 없어." 매일 이렇게 말하면서 일터로 가지 마세요. 대신 이렇게 말하세요. "여기서 이 일을 하는 것으로 월급을 받고 있어. 이 일은 내가 만들어내고 있는 거야. 그렇게 한 결과로 나는 많은 사람들을 돕고 있어."

조립라인에서 제품에 볼트를 죄는 일을 하고 있다면 진심으로, 열성을 다해, 흥미로워하면서 볼트를 조이세요. 그 볼트가 생명을 구하는 것임을 염두에 두세요. 볼트가 없다면 문이 떨어지거나 사고가 발생하니까요. 그 일을 사랑하세요. 바라 마지않는 일인 것처럼 그 일을 좋아하세요. 그렇게 못 하겠다면 하고 있는 일을 바꿔야 합니다.

이 시점에서 해야 할 선택은 두 가지입니다. 하고 있는 일을 바꾸든지, 하고 있는 일에 대한 태도를 바꾸는 것이죠. 그 일에서 좋은 것을 찾으세요. 어떤 일에서든 찾을 수 있습니다. 아니면 그렇게 하기로 선택할 수 있습니다.

상처받지 않는 법

현재 저항하거나 갈등하고 있는 것이 무엇이든, 그것을 다시 말하고 생각해보는 것은 인생을 풍요롭게 해줍니다. '저항감이 드는 일은 나를 약하게 만들지만 내가 스스로 뭔가를 할 때는 힘이 생긴다.' 이 간단한 약속을 마음에 새기세요. 하고 싶은 일이라면 그 일과 관련되어 저항감이 들지 않습니다. 직업 환경에 저항하는 마음이 든다면 싫어하는 사람이나 화를 부추기거나 자신에게 반대하는 사람이 있다면 그들에 대한 뒷담화를 하게 될 겁니다. 그런 자신을 멈추세요. 당신이 반발하고 있는 건 모두 자신을 약하게 만듭니다. 우리는 자신의 행복을 따라야 합니다.

심술궂고 못되고 걸핏하면 욕을 내뱉고 사사건건 시비를 거는 상사와 함께 일하고 있다면 당신도 어느 정도 심술궂고 욕을 내뱉는 면모가 생겨나게 됩니다. 내게 심술궂고 욕을 내뱉는 면모가 있다면 그 또한 나 자신입니다. 물론 그렇게 되고 싶은 사람은 없겠죠. 그렇다면 어떻게 해야 내가 싫어하는 것들을 재조정하고 인생을 풍요롭게 만들 수 있을까요? 당신은 어떻게 하고 있나요?

당신은 이런 사람과도 조화로운 관계를 맺을 수 있습니다. 생각의 초점을 이렇게 바꾸세요. '이건 나 때문이야. 상사의 행동은 나를 화나게 할 수 없어. 이 화는 내가 만든 거야. 내가 그 사람의 행동을 처리하는 방식이 문제야. 그러니 이제 그걸 다른 방식으로 처리할 거야. 이건 그 사람의 문제일 뿐이고 그 사람이 하고 있는 행동일 뿐이야. 나는 더 이상 거기에 상처받지 않을 거야. 그가 나를 그렇게 대할 수 없도록 깨우쳐줄 거야. 나는 나 자신을 잃지 않을 거야. 나는 이 갈등을 그 사람의 행동을 처리하는 방법을 배울 기회로 삼을 거야.'

자신이 어떤 식으로 대할지 늘 마음속에 간직해야 합니다. 상사가 부정적으로 행동할 때마다 그의 화, 증오, 고통과 그를 일치시킬 것이 아니라 자신의 의식을 바꾸세요. '내가 어떻게 대해야 할까? 난 화합할 거야. 이 사람에게 어떻게 하면 화합의 메시지를 보낼 수 있을까?'

싸우고 싶어 하지 않는 사람과 싸우려고 해본 적 있나요? 정말이지 어려운 일이죠. 논쟁을 거부하는 사람과 말싸움을 하는 건 실제로 엄청나게 힘든 일입니다. 반발심을 느끼는 것으로 자신의 태도를 정하면 상사와 똑같은 사람이 됩니다. 자신이 어떻게 할지에 대해 더 많이 생각할수록 힘을 갖게 돼요. 적대적인 관계를 유쾌한 관계로 얼마든지 바꿀 수 있습니다. 그건 시간문제일 뿐입니다.

어떤 일들은 저항감이 들 수 있는데, 하기 힘들다는 생각이 들면 그것이 힌트입니다. 그 일을 하면서 앞으로 나아가야 합니다. 일단 나 자신이 전체적으로 변화하면 반발심이 들었던 일이 원하는 일이 될 겁니다. 행복은 그 보상으로 찾아올 거고요.

일기쓰기

앞 장과 이번 장을 읽으면서 '내 행복이 어디에 있는지 어떻게 알 수 있지?' 하는 생각이 들었을 수도 있겠지요. 그런 생각이 들었다면 먼저 무엇이 나의 행복이 아닌지 이미 우리는 알고 있다는 점을 떠올리세요. 우리는 스스로의 열정에 불을 피우지 못하는 게 무엇 때문인지 이미 알고 있습니다. 그건 문제가 아닙니다.
제3부를 시작할 때 오프라 윈프리의 말을 인용했습니다. 이제 그 뒤에 이어진 말을 더 들려드릴게요.

> 자신이 올바른 길을 가고 있는지 어떻게 알 수 있을까? 그건 올바른 길에 있지 않을 때 그 사실을 알아차리는 것과 마찬가지의 방식으로 알 수 있다. 우리는 각자 위대한 소명을 가지고 있다. 그리고 나의 소명은 나 자신이 걸어온 발자취만큼이나 고유한 것이기에 누구도 그게 뭔지 내게 말해줄 순 없다.
> 매일매일 인생은 우리에게 말을 걸어온다. 우리의 책무는 거기에 귀를 기울이고, 힌트를 찾는 것이다. 열정은 느낌을 통해 우리에게 속삭이고 가장 지고의 선善을 우리에게 가리켜준다. 무엇이 내게 에너지를 주고 한 몸처럼 느끼게 하고 충동을 일으키는지, 무엇이 내게 달콤한 주스를 건네주는지 주의를 기울여보라. 자신이 사랑하는 일을 하고 그것을 사회에 환원하면 성공 그 이상을 거둘 것이다.

이 글을 읽고 어떻게 느꼈는지 일기장에 써보세요. 당신의 인생은 뭐라고 말하고 있나요?

제11장

나만의 정원을 조성하라

Cultivate Your Own Garden

어릴 적 학교에서 돌아와 어머니께 이렇게 물은 적이 있습니다.

“엄마, 괴혈병 코끼리가 뭐예요?”

“글쎄, 모르겠구나. 감도 안 잡히는걸.”

“그러니까, 선생님이 웨인 다이어는 교실에 있는 괴혈병 코끼리라고 말했어요.”

그러자 어머니는 선생님한테 전화를 걸었습니다. 선생님은 이렇게 말했습니다.

“아니요. 전 그런 말을 한 적이 없는데요. ‘불안병 코끼리’ 같다고 말했어요.”

네, 전 괴혈병 코끼리였습니다. 시인 E. E. 커밍스E. E. Cummings의 편지 중에 제가 좋아하는 구절이 하나 있습니다.

"너 자신이 아닌 누구도 되지 마라. 밤낮으로 널 다른 사람들과 똑같은 사람으로 만들려고 최선을 다하는 세상에서, 이는 인간으로서 할 수 있는 가장 치열한 전투가 될 것이다. 그 싸움을 멈추지 마라."

세상에서 내가 갖는 믿음이 그 무엇보다 크다는 말이라고 저는 생각합니다. 자리에서 일어나 누군가에게 휘둘리는 것 같은 기분을 느끼지 않고 스스로 바라는 사람이 되라는 말입니다. 모두가 해야 한다고 생각하는 것을 따르고, 거기에 맞추고, 그 일을 하는 사람이 되지 말라는 말입니다. 그리고 그렇게 했을 때 가장 큰 자유를 누릴 수 있게 된단 말이기도 합니다.

많은 사람들이 자유는 외적 동기에서 온다고 생각합니다. 돈을 많이 벌거나, 많은 보상을 얻어내거나, 친구들로부터 부러움을 사거나, 축구 경기나 테니스 경기에서 이기는 일 같은 것 말이에요. 이런 일들을 성공의 지표로 여기는 거죠. 하지만 지금까지 말했듯이 이런 것들은 성공의 지표가 아닙니다.

기억하세요. 행복은 내적인 개념입니다. 행복은 얻어내는 것이 아닙니다. 우리는 행복을 찾아 헤매지만 그렇게는 행복을 발견하지 못할 겁니다. 이런 말을 들어본 적이 있나요? '어디로 가든 거기에 내가 있다.' 우리가 지금까지 상대한 건 나 자신이고, 따라서 내면의 신호에 귀 기울이고 그 조언을 받아들여야 한다는 겁니다.

제가 살면서 가장 우선하는 것은 인생을 즐기는 능력입니다. 즉, 매일매일을 살고 기쁘게 그 삶을 겪어내는 방법은 최대한 이타적으로(혹은 최소의 이기심으로) 행동하는 것입니다.

삶을 즐기는 방법을 아는 사람, 인생의 어떤 상황도 받아들이고 긍정적인 것으로 바꾸는 방법을 아는 사람을 곁에 두세요. 우리는 이런 사람들을 깨달은 사람이라고 부릅니다. 이런 사람을 만나면 이들이 다른 사람들을 조종하려 들거나, 다른 사람을 위해 자기 인생을 희생하려고 노력한다거나, 사람들이 자신에 대해 어떻게 생각하는지 걱정한다거나 하지 않는다는 걸 알게 될 겁니다.

이 개념을 머릿속에 넣어두세요. 가장 중요한 개념입니다. 살아가는 매일매일 희열을 느낄 수 있는 사람이 되면 절대 누군가에게 부담을 주지 않을 겁니다. 누군가와 문제를 일으키거나 누군가에게 부담을 주는 방법조차 모를 거예요. 당신이 이런 밝은 빛이 되고 삶을 즐기게 되면 이타적으로 행동하게 될 겁니다. 스스로가 한계를 모르는 사람이라는 본보기가 됨으로써 다른 사람을 돕게 될 거예요.

세상 만물은 다 자기 방식대로 산다

앞서 말했듯이 깨달은 사람들은 문제가 아니라 해결책을 봅니다. '좋아, 지금 상황이 이렇군. 상황이 더 나아지려면 어떻게 해야 하는지 생각해보자'라는 식으로 생각하곤 하죠.

언젠가 고객을 친절하게 응대하는 법을 잊은 것 같은 무례한 승무원을 만났던 적이 있습니다. 어떤 이유에서인지 그녀는 제 짐을 어디로 보내야 할지에 대해 화가 나 있는 상태였습니다. 제 입장에서도 충분히 화를 낼 만한 상황이었습니다. 그런 대접을 받았으니까요. 하지만 전 깨달은 사람의 길로 한 발짝씩 나아가고 있는 중이었기에, 그건 그녀의 문제이지 나의 문제가 아님을 곧 깨달았습니다. 그녀가 제게 목소리를 높일 때 전 이렇게 대답했습니다.

"무척 고생스러우시죠? 미국 곳곳으로 비행을 하고 있으니까요. 아닌가요?"

그러자 그녀의 목소리가 누그러졌습니다.

"네. 이틀 동안 한숨도 못 잤거든요."

"좀 쉬지 그래요? 제가 이 일을 정리할 수 있어요."

전 이렇게 말했고, 모두가 좋아졌습니다. 제아무리 작은 일이라도 문제 지향적인 방식이 아니라 해결 지향적인 방식으로 다룰 수 있습니다. 제가 그 상황을 진정시킬 수 있었던 이유는 단 1

초도 그것을 제 문제로 만들지 않았기 때문입니다. 전 그것이 그녀의 문제임을 알았습니다. 그건 제가 할 일이 아니었죠.

살면서 맞닥뜨리는 다양한 상황에서 우리는 늘 '해결책'을 찾아야 한다는 걸 염두에 두세요. 자신이 올바른지, 자신이 어떻게 해야 이길지를 찾는 게 아니라요.

제 딸 트레이시가 어렸을 때 일입니다. 조카들이 집에 와 있었는데, 한 아이가 거실에 있는 매트리스에서 잠을 잤습니다. 그 아이가 일어났을 때 제가 말했습니다.

"톰, 그 매트리스를 어떻게 해야겠니?"

"음, 트레이시 방에 던져 넣으면 될 것 같은데요."

톰이 대답했습니다. 그리고 그 매트리스를 월요일에도, 화요일에도, 수요일에도 트레이시의 방으로 던져 넣었습니다. 수요일쯤 트레이시의 인내심이 한계에 달했습니다. 트레이시가 제게 와서 대체 톰이 왜 저런 짓을 하는지 하소연을 했습니다.

"얘야, 해결책을 보거라. 문제를 보지 말고. 월요일, 화요일, 수요일에 일어난 일은 이미 지나갔어. 톰이 네 방에 매트리스를 던져 넣는 걸 네가 더 이상 못 참을 거라는 사실을 알려줘. 너는 톰에게 뭐라고 말하고 싶니?"

"'네 매트리스, 내 방에서 치워'라고 말하고 싶어요."

"좋아, 이제 가서 그렇게 말해보렴."

트레이시가 그렇게 말하자 톰이 이렇게 대답했습니다.

"그럴게."

그리고 그 매트리스를 제 방에 던져 넣더군요. 그래서 전 그 앨 내던졌죠. 물론 농담입니다만, 우리는 결과적으로 우리 모두에게 필요한 해결책을 찾아냈습니다.

끌어내려지길 바라지 않는 사람, 불행해지길 바라지 않는 사람, 흥분하지 않으려는 사람과의 갈등이 얼마나 힘든 건지 아시나요? 이런 사람들은 자신이 옳다는 걸 입증하는 데는 관심이 없습니다. 따라서 갈등은 무척이나 빠르게 사라집니다. 이런 사람들은 진실, 아름다움, 도덕성, 개인의 고유성에 관한 내적 필요에서 동기를 부여받습니다. 그들에게는 이런 개념들이 무척이나 중요합니다. 이들은 슈퍼마켓, 택시, 대기실, 어디서든 만날 수 있습니다. 이들은 철학자도, 어떤 대단한 사람도 아니지만 주변에 있으면 알아차릴 수 있습니다.

이들은 두려움 없는 긍정론자입니다. 살아 있는 모든 것을 사랑으로 다루는 위대한 능력이 있죠. 이들은 지금 이 순간에 집중하고 지금이 전부인 사람입니다. 또한 과거 어디에 있었는지, 미래에 어디에 있을 것인지 집착하지 않습니다. 걱정과 죄책감은 이들의 인생에 존재하지 않습니다. 이들은 '이건 내게 의미가 있는 거야. 난 그게 옳다고 믿으니까 그걸 해야만 해. 모두가 나와 반대편에서 비판적인 말을 해도 말이야'라고 스스로에게 말합니다.

이런 자질을 어떻게 갖출 수 있을까요? 어떻게 하면 더욱 충만하게 살 수 있을까요? 이런 궁금증이 일어난다면 그 답은 물론,

그 일을 '그냥 하는' 것입니다.

수 세기 전에 살았던 볼테르라는 작가가 있습니다. 《캉디드》라는 놀랍고도 멋진 책을 썼는데, 이 책은 한 남자와 그의 연인이 자기 자신을 찾아가는 여정에 관한 이야기입니다. 이들이 마침내 도달한 결론은 이 책의 마지막 줄에 쓰여 있습니다.

"우리는 우리 자신만의 정원을 조성하는 것을 배워야 한다."

이들은 가는 곳마다 부자들을 찾았지만 좌절만 겪을 뿐이었습니다. 결국 이들이 배운 건 자신의 정원을 조성하는 법이었습니다.

저는 이 문장에 대단한 통찰력이 담겨 있다고 생각합니다. 우리는 자신만의 정원을 조성해야 하며 다른 사람의 정원을 흘깃거리지 말아야 합니다. 그들이 정원에서 순무를 기르고 싶어 하는지, 다른 종류의 농약을 사용하고 싶어 하는지, 정원에 어떤 씨앗을 뿌리고 싶어 하는지는 모두 내 일이 아닙니다. 중요한 건 내 정원은 내가 그리는 방식으로 일궈야 한다는 거예요. 내가 가지고 싶은 것을 취하고, 그것을 즐기고, 내 삶이 내 언어로 이뤄지는 법을 배우세요. 스스로를 위한 목적의식과 자신의 사명을 기르세요. 이것이 우리가 배울 수 있는 가장 위대한 비밀 중 하나입니다. 자신에게 적절한 자신만의 정원을 만드세요. 자신이 기르고 싶은 걸 기르고, 다른 사람의 정원에 그만 집중하세요.

우리는 자신만의 정원을 조성해야 합니다.
다른 사람들이 순무를 기르는지,
어떤 농약을 쓰는지는 중요하지 않습니다.
내 정원은 내가 그리는 방식으로 일구는 거예요.

'우주의 모든 것은 자신이 있어야 할 방식으로 존재한다.' 티베트 불교의 가르침입니다. 우리가 가장 이해하지 못하는 말이기도 합니다. 생각해보세요. 여기에 존재하는 건 무엇이든 여기에 있어야만 하는 것입니다. 그것이 그렇다는 게 그 증거입니다. 그건 그렇게 있습니다. 그게 다입니다. 그렇다고 해서 우리가 바꿀 수 없다는 말은 아닙니다. 우리가 어떤 사물을 바꾸고 싶다면 그렇게 행동하면 됩니다. 그것이 세상에 그 모습으로 존재한다고 화를 내지 말고요. 그것을 받아들이고, 그것을 더 낫게 만들 수 있는 일을 하세요.

판단은 잠시 잊어야 합니다. 이런 이야기가 있습니다. 노년에 접어든 한 부부가 해변으로 걸어 내려가고 있었습니다. "저 애들 좀 봐요. 해변에 가면서 옷도 거의 안 걸치고 있네요. 프리스비를 로켓처럼 던지고, 개들에게 물고 오게 하네요." 이 모든 것은 판단입니다. 이들은 세상을 바라보고 이렇게 말하는 것입니다. "난 저것을 존재하는 그대로 받아들이지 않을 거야. 저게 좀 다르길 바라."

한편 젊은 사람들은 노인을 이렇게 봅니다. "저 노인네들 주름이 자글자글한 것 좀 봐. 옷도 엄청 구식이야. 그리고 늘 우리 같은 젊은 애들에게 화가 나 있고, 재미라곤 전혀 없지." 이 역시 판단입니다. 세상 모든 것을 그것이 존재하는 방식대로 보지 않는 거죠.

'다 자기 식대로 산다'라는 말이 있습니다. 하지만 우리는 이런 조언을 한 귀로 흘리고 다른 사람들을 판단합니다. 우리는 세상 만물이 지금과는 다른 모습이 되기를 바랍니다. 판단의 시선으로 세상을 바라보지 말고, 철학자들처럼 이런 질문을 스스로 해보세요. '나는 세상이 존재하는 대로 세상을 바라보는가, 나의 방식대로 세상을 바라보는가?' 자기 식대로 세상을 보고 있다면 그것이 어때야 한다고 자신이 생각하는 대로 존재하길 바랄 겁니다. 하지만 세상이 존재하는 대로 세상을 바라보고 있다면 그 세상을 변화시킬 수 있습니다.

용서하기로 선택할 때 나아갈 수 있다

1974년 저는 인생에 큰 영향을 미친 경험을 하나 했습니다. 꽤나 오랫동안 이 이야기를 해왔는데, 사람들에게 제법 깊은 영향을 주는 것 같아서 이 자리에서도 다시 한번 하고 싶군요.

전 여덟 살 때부터 아버지를 찾기 시작했습니다. 늘 아버지에 대해 상상했죠. 아버지에 대해 들었던 이야기라고는 죄다 달갑지 않은 것뿐이었습니다. 아버지는 만나는 사람마다 극도로 괴롭혔고, 자신의 인생 역시 대부분 명예롭지 못한 방식으로 꾸려나갔던 것 같아요.

하지만 여전히 제 안에는 뭔가가 남아 있었습니다. 화, 고통, 괴로움, 그런 게요. 그 때문에 그 남자를 찾아 대답을 듣고 싶어졌습니다. '어떻게 아이를 셋이나 버릴 수가 있죠? 어떻게 여자를 두고 떠나서 양육비 한 푼 보내지 않을 수 있죠? 어떻게 알코올 중독으로 자기를 망칠 수가 있죠? 어떻게 누군가를 두드려 패고, 강간하고, 임신을 시키고, 차마 어머니에게 듣지 못하고 넌지시 다른 곳에서 들어야 했던 그 온갖 일들을 저지를 수 있죠? 어떻게 이런 일들을 했죠? 어떻게 그럴 수 있었죠?' 내가 알고 싶어진 건 그 남자가 떠난 것이 용기 있는 행동일 수 있다는 생각에서였습니다.

아버지는 어쩌면 그저 그 모든 사건들을 직면할 수 없었던 것일지도 모릅니다. 어쩌면 우리를 무척이나 사랑했을지도 모르죠. 누가 알겠어요? 알지 못하는 일에 관해 우리는 그저 궁금해하고 계속 생각할 따름입니다. 제가 그랬습니다. 저의 두 형제는 그 어느 것도 신경 쓸 필요가 없다고 생각했죠. 큰형인 짐은 아버지에 대해 기억하는 게 조금 있었는데, 데이브는 그렇지 않았습니다. 그리고 둘 다 제 질문에는 전혀 관심이 없었습니다.

이런 이야기를 하는 건 이게 실제로 관계가 있기 때문입니다. 인생이 내가 어떤 사람인지 믿고 있는 것과 일치될 때 돌연(그렇습니다. 돌연!) 목적이 우리를 지배하기 시작하고, 우리는 그 무엇도 막을 수 없는 고속도로 위에 올라서게 됩니다. 목적은 그게 무엇이든지 간에 우리의 삶과 관계되기 시작합니다. 참으로 멋진 일이죠. 목적을 따라 살아갈 때 그것은 우리를 지배하기 시작합니다. 그게 바로 제가 목적에 대해 말할 수 있는 유일한 방법입니다.

제 아버지에 관한 이 질문은, 그러니까 제 번민, 고통, 괴로움, 꿈, 그 밖의 모든 것은 아버지가 돌아가셨다는 걸 알게 된 뒤로 몇 년 동안 계속 절 따라다녔습니다. 먼 사촌이 제게 아버지가 뉴올리언스에서 돌아가셨고 시신은 미시시피의 빌록시로 운구됐다고, 그게 알고 있는 전부라고 말해주었습니다.

1974년에 전 뉴욕 세인트존스대학교의 교수가 되었는데, 교수로 재직하는 동시에 동료 교수들을 도우면서 부수입을 벌 기회가 생겼습니다. 미시시피의 콜럼버스에 있는 전문대학에서 자기들이 1964년 공민권법(인종, 피부색, 종교, 출신 국가에 따른 차별을 철폐하기 위해 제정된 연방법—옮긴이)을 따르고 있음을 확실히 해달라는 요청을 해온 것입니다. 이틀 동안 강의실 몇 곳에 앉아 관찰을 하고, 보고서를 보내면 되는 일이었습니다. 빌록시와 네 시간 거리라는 사실을 알게 되자 제가 수십 년 동안 지녀왔던 몇 가지 질문에 대한 대답을 알 때가 되었다는 판단이 서더군요.

전 콜럼버스로 가서 학교에서 일을 마치고 차를 한 대 렌트했습니다. 제가 받은 렌터카는 약 130킬로미터밖에 달리지 않은 새것이었죠. '어째서 이렇게 새걸 준 거지? 콜럼버스에서는 새 차를 몰아야 하는 이유가 있나?' 이런 생각이 들더군요. 저로서는 전혀 알 수 없는 일이어서 일단 마음속에 새겨두었습니다.

차에 타서 안전벨트를 맸습니다. 그즈음 안전벨트는 지금처럼 어깨에서 가슴을 가로지르는 것이 아니라 무릎을 가로지르는 것이었습니다. 안전벨트를 매려고 손을 내렸는데, 아무것도 잡히는 것이 없었습니다. 차에서 내려 안전벨트를 가지러 가야 했습니다. 비닐에 꽁꽁 싸인 안전벨트를 받아왔고, 비닐을 풀자 명함 한 장이 떨어졌습니다. '캔들라이트 여관, 미시시피주 빌록시.' 명함을 주워 주머니에 넣었고 곧 그 사실을 잊었습니다.

빌록시로 가면서 히치하이킹 중인 이주노동자 한 사람을 태웠다가 중간에 내려주었습니다. 빌록시 외곽에 도착했을 때는 금요일 오후 4시 45분이었습니다. 먼저 주유소 공중전화 부스로 가서 전화번호부를 살펴봤습니다. 아버지가 묻힌 곳으로 여겨지는 묘지의 전화번호는 세 군데였고, 하나씩 차례로 전화를 걸었습니다.

첫 번째 번호는 받는 사람이 없었습니다. 두 번째 번호는 뚜뚜뚜뚜 하고 빠르게 신호음이 들려왔습니다. 세 번째 번호를 누르자 한참 전화벨이 울리더니 누군가 받았습니다.

"안녕하세요. 전 웨인 다이어라는 사람인데요. 멀빈 라일 다이어라는 사람이 거기에 묻혀 있는지 알고 싶어 전화 드렸습니다."

남자는 살펴보겠다고 말했습니다. 시간이 한참 흘러 그가 전화를 다시 잡더니 말했습니다.

"있습니다."

그런 사람의 이름이 묻혀 있다는 것이었습니다. 심장이 두방망이질 쳤습니다. 오랜 여정의 끝에 도달한 것만 같았습니다.

"감사합니다. 지금 가도 될까요?"

"그러세요. 여긴 캔들라이트 여관 부지에 있습니다."

불현듯 전 주머니로 손을 가져가 명함을 꺼냈습니다. 그곳이었죠. 그렇게 아버지의 무덤을 찾았습니다. 무덤 앞에 서서 한 번도 본 적 없던 그 남자에게 말하고 또 말했습니다.

그가 했던 온갖 끔찍한 일들을, 어머니에게, 데이브에게, 특히 형 짐에게 했던 모든 일을 용서한다고, 아주 오랫동안 이야기를 했습니다. 용서에 대해선 생각하지 않았는데 말입니다. 아니, 그게 얼마나 중요한지, 내가 그래야 하는지조차 생각해본 적이 없었습니다. 하지만 그 일이 일어났습니다. 두 시간 반이나 그 자리에 서서 하염없이 말했고, 내내 눈물이 폭포수처럼 흘러내렸습니다. 아버지를 용서하는 시간을 가졌고 그 일이 제 인생을 바꿔놓았습니다.

누군가에 대한 반감, 쓰라림, 분노, 고통을 겪고 있다면 (그 사람이 어떤 사람이든, 어떤 짓을 했든지 간에) 그런 고통의 반응들은 절대 우리를 놓아주지 않을 겁니다. 용서는 세상에서 가장 큰 동인動因입니다. 누군가 혹은 어떤 대상으로 인한 고통이나 상처에 계속 매달려 있다고 하면 제 경험을 이야기하며 그것을 모두 놓아주라고 말합니다.

제가 한 일을 따라 할 필요는 없습니다. 그러니까 무덤에 갈 필요도, 전화를 돌릴 필요도, 당신이 그런 일을 했다는 걸 누군가에게 알릴 필요도 없습니다. 해야 할 일은 오직 '사랑은 용서하는 거야'라는 식의 간단한 말로 자기 마음을 정화시키는 겁니다. 이것이 이 마지막 장에서 다룰 주제입니다. '용서forgiving'는 지금까지 말했고, 용서의 또 다른 이름으로 '베풂for giving'이 있습니다. 베풂이란 되돌려받기를 요구하지 않는 겁니다.

빌록시에서의 일 이후로 제 인생은 분명해지고 집중할 수 있었으며 방향이 뚜렷해졌습니다. 전 그곳을 떠나자마자 즉시《행복한 이기주의자》의 개요를 짰습니다. 그리고 그 뒤로는 아버지의 꿈을 한 번도 꾸지 않았습니다. 아버지에 대한, 아버지의 행동에 대한 분노가 일어난 적도 없습니다. 이제 아버지를 떠올려도 마음이 평온합니다. 아버지가 어떤 사람이든 그에게 사랑을 전하고 있습니다. 모두 괜찮습니다.

사실 전 멀빈 라일 다이어를 제 스승으로 생각하곤 합니다. 제 경험은 아버지의 행위로 인해 촉발된 것이고, 그런 경험이 없었더라면 저 자신을 포함해 수많은 사람들을 돕고, 사람들을 위해 멋진 일들을 만들어낼 기회를 잡을 수 없었을 겁니다. 전 그것을 알고, 그것이 왜 필요한지 알고, 그것을 믿습니다. 또한 우리가 내면에 가지고 있는 게 무엇이든 그건 다른 사람이 가져다놓은 게 아닙니다. 내가 나의 내면에 간직하기로 한 결과입니다. 모든 것은 선택입니다.

나를 지배하는 것을 놓아주기

잠시 생각해봅시다. 당신과 갈등 중인 사람들을 떠올려보세요. 당신이 두 살 때의 엄마였든, 이웃이든, 남자 친구든, 누구든지 간에 극단적인 문제를 일으켰던 사람부터 조금 짜증 나게 했던 사람까지 마음속에 떠오르는 사람들을 적어보세요.

자, 당신을 지지해주고, 좋은 사람이 되어주고, 좋은 냄새가 나는 사람에게 사랑을 보내기는 쉽습니다. 이런 걸로는 사랑을 시험할 수 없죠. 예수 그리스도는 십자가에 매달렸을 때 누군가가 그의 갈빗대에 창을 찌르자 이렇게 말했습니다. "아버지, 저들을 용서하소서. 저들은 자신들이 무슨 짓을 하는지도 모르고 저러는 겁니다." 기독교인이라고 자처하는 사람들이 누군가를 싫어한다거나 잘 지낼 수 없다고 말하면 전 이렇게 대답해줍니다. "당신은 당신이 붙인 그 이름표 때문에 기독교인인 거지, 예수 그리스도를 닮고 싶어서가 아닌 거네요."

이건 누구나 할 수 있는 시험(기독교인이 아니라 그리스도를 닮는 것요)입니다. 그들이 하는 일은 자신을 기독교인이라고 부르면서 주일에 교회에 가는 게 전부입니다. 하지만 그걸로 예수와 같은 사람이 되는 건 아니죠.

이런 식으로 해보세요. 삶에서 부정적인 일이 생길 때마다 그 사람에게 사랑을 보내도록 연습해보세요. 그가 당신에게 심술궂게 군다고 해도 말입니다. 거칠게 운전하는 사람과 마주쳤을 때 작게라도 이렇게 연습할 수 있다면, 나중에 직장에서 나를 완전히 쓰러뜨릴 전략을 꾸미는 동료나 내 자존감을 무너뜨리는 친구에게도 더 큰 사랑을 전할 수 있게 됩니다. 궁극적으로 이것을 삶의 방식으로 만들어야 합니다.

내가 사랑을 보내면 그 사랑은 더욱더 커져서 다시 내 삶으로 되돌아오게 됩니다. 그리고 자유로워질 겁니다. 뿌리내린 증오는 그 어떤 암보다 더 해로운 독이기 때문이죠. 사랑을 보내지 않으면 그 감정에 먹히고 맙니다. 또한 한계 없는, 깨우친 삶을 살 수도 없죠.

저 역시 이런 가치관을 실행에 옮기며 살았습니다. 한번은 누군가가 저를 고소한 적이 있었습니다. 제가 도달한 지위에서 오는 이점을 자기들도 나눠 갖길 바란 거죠. 한마디로 제가 번 돈을 빼앗고 싶었던 겁니다. 정말로 화가 났습니다. '어떻게 저럴 수가 있지? 이 사건을 맡은 변호사는 대체 어떤 자식이지? 저들은 자존심도 없나?' 맞서 싸웠지만 그 과정에서 얻은 것은 제가 옳다는 판정과 어마어마한 변호사 비용, 몇 달씩 이어진 고통과 분노뿐이었습니다. 그러나 이들에게도 사랑을 보내기 시작하자 그 일은 그들에 관한 것이라는 이해가 생겨나기 시작했습니다.

동양철학자들의 관점에서 보면, 우리가 겪고 있는 일은 스스로 만들어낸 것을 바라보는 시험입니다. 여기에는 한 가지 교훈이 있었고, 전 고통 속에서 행복을 찾으려고 애썼습니다. 그렇게 하기 시작하자 제가 채 깨닫기도 전에 소송이 취하되었습니다. 전 훨씬 더 많은 글을 쓰고, 글쓰기 실력도 늘어났으며, 인간적으로도 더 나은 감정을 느끼기 시작했습니다. 심지어 비서가 이렇게 말할 정도였죠. "요즘 부쩍 밝아지셨어요. 모든 힘든 일이 지나가고 이젠 기쁨만 누리고 계신 것 같아요."

제게 돈을 빌려가고 몇 년째 갚지 않는 사람들도 있었습니다. 그런 일이 생길 때마다 정말이지 화가 나곤 했죠. '대체 어떻게 된 사람이지? 난 돈을 빌려준 건데 그냥 돈을 꿀꺽했잖아. 도둑질 아냐?' 전 그 화를 내려놓고 그 사람들에게 제 책을 보내주었습니다. 그리고 그냥 흘러가게 두었죠.

전 제때 공과금을 내지 못하는 사람들을 이해하지 못했습니다. 저는 바로바로 냈으니까요. 하지만 어떤 사람들은 저와 다른 세상에 있고, 전 그들의 행동에 휘둘리길 원하지 않습니다. 그들이 돈을 갚는 걸 거부해서 제가 화가 났다면 그들의 거부는 제 화의 원천입니다. 다른 사람의 행동이 제 삶을 휘두르도록 내버려둔 거죠. 전 그걸 바라지 않습니다.

당신 역시 이와 비슷한 상황에 있다면 출구는 오직 하나라는 것을 기억하세요. 바로 용서입니다. 당신은 그걸 내버려두어야만 합니다. 잊을 필요까진 없습니다. 그저 용서하면 됩니다. 그들에게 전화를 걸거나 경고장 같은 걸 보내서 당신이 바라는 일을 하지 않았다고 말하지 마세요. 그냥 내버려두세요. 그렇게 할 때 얽매이지 않게 됩니다. 더 이상 그 사람이나 그 사람의 행동에 얽매이지 않게 되고, 그렇게 되면 당신이 가지고 있는 창조적인 재능이 나옵니다. '얽매이지 마라'는 규칙은 엄청난 일을 해냅니다.

제 친구 중에 정말로 고통스러운 과정을 거쳐 이혼을 하게 된 변호사가 있습니다. 그 친구의 아내는 남편의 변호사 수임료 절반과 아이들 양육권, 재산 전체를 바랐습니다. 그녀는 바람을 피우고 있었고 그는 그 사실을 알아냈죠. 두 사람은 한때 굉장히 멋진 결혼 생활을 했지만 이제는 서로를 향해 증오만을 불태우고 있었습니다. 어느 날 레스토랑에서 만난 그에게서 저는 분노를 볼 수 있었습니다. 그의 얼굴은 10년은 늙어 보였고, 고통으로 가득 차 있었습니다.

그는 밤새도록 자신이 얼마나 잘했는지, 아내가 얼마나 나쁜지 이야기하고 싶어 했습니다. 아내에게는 그럴 권리가 없다는 식으로 줄곧 이야기했죠.

"어떻게 그 여자가 날 이렇게 대할 수 있지? 그 남자를 우리 집까지 데려왔던 것 알아? 웨인, 어떻게 생각해?"

"네가 옳겠지, 그렇지 않나?"

"아니, 그렇지 않아. 어쨌든 내가 한 말 어떻게 생각해? 그녀에게 이혼 소송을 할 권리가 있다고 생각해?"

"그래."

"지금 '그렇다'고 대답한 거야?"

"그녀는 그렇게 했어. 그리고 넌 그녀가 이미 한 일을 없는 일로 만들 순 없어."

"흠, 내가 어떻게 해야 할까?"

"그녀를 용서하는 게 좋을 것 같아."

"이미 했어. 이미 그녀에게 그렇게 말했다고."

"아니, 네가 그녀에게 가서 용서했다고 말해야 하는 건 아냐. 그냥 내버려둬. 너는 지금 무엇을 방어하고 있는 거지? 지금 넌 아침에 일어나기조차 힘들 만큼, 일이 엉망이 될 만큼 고통스러워하고 시달리고 있어. 우울하고, 혈압은 치솟고, 먹지도 못하고, 살이 쭉쭉 빠지고 있다고. 넌 괴로워하고 있어. 그녀를 용서하지 못하기 때문에 말이야.

네가 괴로운 건 그녀 때문이 아냐. 네가 시험에 든 거지. 할 수만 있다면 내가 네 머릿속에 들어가서, 그녀에게 사랑을 보내는 게 얼마나 중요한지 알게 해주고 싶어. 설령 그녀가 네게 잔인한 행동을 했다손 치더라도 말이야. 달리 네가 그걸 견뎌낼 수 있는 방법이 없기 때문에 그렇게 해야 한다고.

넌 지금 스스로를 죽이고 있어. 그건 매우 느리게 진행되지. 하지만 결심은 순간이야. 스스로를 죽이는 행동을 그만하고 싶다면 얼른 그녀를 용서해야 해. 어째서 더 빨리 그렇게 하지 않는 거지? 그녀와 결혼 생활이든 뭐든 계속 끌어서는 안 돼."

"돈은 어떻게 하고?"

"그녀가 얼마를 바라는데?"

그가 작게 속삭였고, 전 이렇게 대답했죠.

"그거보다 조금 더 줘."

"뭐!"

"걱정 마. 다시 너한테 돌아올 거야. 하지만 더 많이 주고, 미리 줘. 네가 더는 결혼 생활을 유지하는 데 관심이 없다는 걸, 이 소송을 계속 끌고 가진 않을 거라는 걸 그녀가 알게 해. 그러고 나서 용서해. 그러면 그전에는 생각조차 못 했던 일이 벌어질 거야. 인생이 평온하고 평화롭고 아름다워질 거라고. 그게 너한테 옳은 일이 될 거야. 네가 해야 하는 건 오직 용서뿐이야. 네가 해야 하는 건, 그녀가 인간이고 실수를 저지를 수 있는 존재임을 이해하는 것뿐이야.

그래. 그녀는 들켰고, 넌 잘못하지 않았어. 그 모든 걸 그냥 흘려보내. 그럼으로써 네 인생은 훨씬 더 풍요로워질 거야. 지금 이 순간을 네가 얼마나 올바른지 스스로 확신시키는 데 소모하지 않기 때문에 말이야. 그건 더는 중요한 일이 아니게 될 거야. 올바른 사람이 되는 게 더 필요하진 않을 거야. 필요한 건 행복한 사람이 되는 거야. 그게 네 안에 간직해야 하는 거야."

제 친구처럼, 당신 역시 이미 가지고 있는 행복과 성공, 충족감을 느끼는 사람이 되는 데 필요한 모든 것을 기억해야만 합니다. 우리가 해야 할 것은, 우리 자신을 지배하고 있는 것을 놓아주는 것뿐입니다.

감옥 창살을 붙들고 "내보내줘! 날 내보내줘!" 하고 소리치는 자신의 모습을 상상해보세요. 그러고 나서 창살 사이로 이리저리 두리번거리는데 짠 하고 열린 공간이 나타납니다. 하지만 당신은 몸을 돌려 그 열린 공간에서 등을 돌리고 맙니다. 이렇게 좁은 시야로 인해 우리는 앞만 바라보곤 합니다. 그것만이 방법인 것처럼 말이에요.

이런 종류의 올가미들은 감옥에 갇힌 기분을 느끼게 만들지만 왼쪽, 오른쪽, 뒤쪽을 바라보세요. 감옥 창살을 붙잡고 있는데 문이 열립니다. 우리가 해야 할 건 오직 그 열린 문으로 걸어 나가는 일뿐입니다. 그 과정에서 우리는 더욱 자유로운 인간이 됩니다. 우리의 시야에는 아무런 방해물도 없습니다.

일기쓰기	**자신이 용서해야 할 사람에 대해, 어떻게 하면 그렇게 할 수 있을지 적어보세요. 할 수 있는 다른 방법들은 우리 자신의 정원을 조성해나가는 것입니다. 다시 말해 자신을 옭아매고 있는 부정적인 것들을 치우고 자유로워진 미래를 바라보는 겁니다.**

제12장

변화를 도울 아홉 가지 질문

Nine Questions to Help Spark Change

변화는 역설적입니다. 모든 것은 변화하는 동시에 변화하지 않습니다. 모든 것은 존재하는 동시에 존재하지 않습니다. 우주와 우리는 계속 진화하고 있으며, 우주가 무엇인지 규정하는 일은 여전히 현재진행형입니다.

저는 이 같은 시각으로 사물을 봅니다. 당신이 뒤돌아서서 벽에 걸린 그림을 응시하고 있다고 합시다. 그 그림이 완성된 것이냐고 물으면 당신은 물론 그렇다고 대답할 겁니다. 하지만 배율이 높은 현미경으로 그 그림 안을 들여다보세요. 그림을 구성하고 있는 작은 점들이 하나하나씩 보일 겁니다. 거기에는 전체 그림을 형성하는 우주와는 관계 없는 또 다른 온전한 우주가 존재합니다. 거기에는 보라색, 초록색, 푸른색을 가진 작은 벌레들이 있고 박테리아가 있습니다. 각각의 생명체 속을 들여다보면 거기에는 또 다른 형태의 생명체들이 존재할 겁니다.

그 속을 들여다보고, 그 속에 있는 또 다른 생명체 안을 다시 들여다보고, 이렇게 파고들다 보면 우리가 완성되었다고 여긴 그림 속에 수조 개의 세포들이 끊임없이 이어지고 있다는 걸 발견할 겁니다. 반대 방향으로도 마찬가지의 일이 일어납니다. 우주는 끝이 없습니다. 계속 앞으로 나아갈 따름이죠.

우리가 충분히 멀리까지 나아갔다가 돌아와서 다시 우주를 하나의 그림으로 본다면 그것이 이미 완성되어 있음을 알게 될 거예요. 그것이 전체이며 총합입니다. 그렇게 존재해야 하는 거죠. 하지만 여전히 그 안에는 훨씬 더 많은 일이 벌어지고 있습니다. 우리는 이 완벽하고 완성된 사물 안에서 자신이 바라는 일을 하고 변화할 수 있습니다. 우리는 자유의지를 지닌 동시에 자유의지를 지니고 있지 않습니다. 우리는 벌어지고 있는 일을 변화시키지만 그림을 살펴보면 전혀 변화하지 않았습니다.

그러면 더 큰 그림을 얻기 위해 무엇을 할 수 있을까요? 실제적이고 지속적인 변화를 만들기 위해 무엇을 할 수 있을까요? 이에 대한 답은 사람마다 다릅니다. 어떤 사람에게는 상담사나 지지해줄 친구들이 필요합니다. 이들은 상담센터에 가고, 400권의 책을 읽고, 변화를 돕는 다양한 도구를 계속해서 필요로 합니다.

이것은 이들이 타고난 성향이고, 다 괜찮습니다. 당신의 내면이 이런 식으로 작동하고 있다면 그렇게 해나가면 됩니다.

저는 조금 다른 유형입니다. 제 인생을 어떻게 움직일지, 무슨 일을 하지 않을지를 순간적으로 결정하죠. 열너덧 살 무렵 커피를 처음 마셔봤습니다. 아주 썼죠. 재미있는 맛이었는데, 딱히 다시 마시고 싶지 않은 맛이었습니다. 그래서 전 가족들에게 이렇게 선언했습니다. "앞으로 커피는 절대 안 마셔." 그리고 오랫동안 커피를 마시지 않았습니다. 맛을 봤고, 결심을 했으며, 제 의도를 공표했고, 그 뒤로 커피를 한 잔도 마시지 않았습니다. 사람들이 권해도 그 씁쓸한 맛을 제 입으로 느끼고 싶지 않았습니다. 그리고 카페인도 섭취하고 싶지 않았고요. 전 그걸 '알았습니다.'

전 이런 식으로 변화합니다. 하지만 제 방법이 옳다거나 최선이라고 말하는 건 아닙니다. 다만 여기 앉아서 제가 커피를 마시지 않을 것이라고 말할 수 있습니다. 전 분명하게 그 사실을 공표했어요. 저는 인생에서 많은 것들을 확실하게 공언할 수 있습니다. 어떤 일은 하겠다는 것과 어떤 일은 하지 않겠다는 것을요. 중요한 건 자신에 대해 아는 겁니다. 자신의 인생이 더 나아지도록 뭔가를 할 수 있는 힘이 자신에게 있다는 것을 안다면 달라질 수 있겠죠.

✣

이 책을 마무리하면서 몇 가지 생각해볼 문제를 드릴게요. 이 문제들에 대한 답을 곰곰 생각하면 앞으로 살아갈 자신만의 삶의 방식에 관한 지침을 얻을 수 있을 겁니다.

1. 삶이 6개월 남았다는 것을 알게 된다면 무엇을 할까요?

앞으로 살날이 6개월밖에 남지 않았다면 어떤 일을 할 건가요? 같은 일을 계속 할 건가요? 아니면 새로운 뭔가를 시도해볼 건가요?

누구에게도 미래는 보장되어 있지 않습니다. 우리에게는 많은 시간이 있지만 그 시간들은 눈 깜짝할 사이에 흘러가 버립니다. 물론 우리는 6개월보다는 오래 살 겁니다. 하지만 수십 년이 남았다고 해도 인생은 여전히 짧습니다. 그 시간에 뭘 할 건가요? 전에 해보지 못한 일들을 해보고 싶은가요? 즐겁게 웃으며 살고 싶은가요? 세상을 변화시키고 싶은가요? 다른 사람들을 돕고 싶은가요? 지구상에 존재하는 현실적인 문제들을 조금이라도 종식시키고 싶은가요?

어떤 답이 튀어나오든, 그것은 많은 말을 해줍니다. 제가 할 수 있는 조언은 하고 싶은 일이 무엇이든 그걸 하는 위험을 감수하라는 겁니다. 자, 시작하세요!

2. 지금까지 함께 살아본 적 없는 사람과 살아야 한다면 어떻게 할까요?

지금 이 순간부터 인생이 새로 시작되고, 누구와도 함께 살고 있지 않다고 생각해보세요. 어떤 사람과 살고 싶은가요? 지금 함께 있는 사람들을 선택할 건가요? 아니면 변화를 줄 건가요?

그러고 나서 사랑하지만 주변에 두고 싶지 않은 사람이 있다면 그 이유를 생각해봅시다. 입만 열면 불평을 토하는 사람, 한숨을 쉬는 사람, 매일같이 당신의 기분을 가라앉게 만드는 사람이 있나요? 아니면 재밌고 긍정적으로 나에게 좋은 기운을 가져다주는 사람이 곁에 있나요? 인생에 새로운 활기와 도전정신을 부여하는 사람이 있나요? 또는 나이는 같지만 존경하고 싶은 사람이 있나요?

좀 우습게 들릴 수도 있겠지만 전 매일 아침 면도할 때 거울을 들여다보고 이렇게 말합니다.

"이 지구상에서 나의 오늘을 망칠 수 있는 사람은 아무도 없어. 아무도."

고속도로에서 차가 끼어들어도, 누군가가 '내가 웨인 다이어의 하루를 빼앗을 거야.' 하며 계획을 세운다고 해도 그는 제 하루를 빼앗아갈 수 없습니다. 누군가가 제 말꼬투리를 계속 잡거나 하고 싶어 하는 일을 못 하게 막거나, 제게 불퉁하게 굴거나, 어쨌건 간에 제 하루는 제 것입니다. 그가 어떤 사람인지, 그들을 얼마나 사랑하는지 신경 쓰지 않으며, 누군가가 제 하루를 빼앗도록 내버려두지도 않을 겁니다. 이런 마음가짐을 막 실천하기 시작했다면 오래지 않아 자신은 물론 다른 사람들이 함께하고 싶어 하는 사람이 될 것입니다.

"이 지구상에서
나의 오늘을 망칠 수 있는 사람은
아무도 없어."

선택이 아니라 의무감으로 살아가고 있나요? 오랫동안 함께 지냈다는 이유만으로 계속 관계를 유지하지 마세요. 해야만 하는 일이기 때문에 어떤 일을 해야 한다면, 모두가 당신에게 해야 한다고 말하기 때문에 어떤 일을 하고 있다면 잠시 멈춰야 할 시간입니다. 내면의 신호가 들리지 않게 되니까요. 의무감에 기반한 관계는 존엄하지 않습니다. 선택과 자유, 사랑에 기반한 관계는 세상의 온갖 존엄함을 담고 있습니다.

3. 지금까지 살았던 곳에 대한 정보가 없다면 어디에 살까요?

어떤 지역에서도 살았던 경험이 없다고 상상해봅시다. 이 거대한 지구상에서 우리의 집이라고 부르는 곳을 살펴보고 생각해봅시다. '나는 어느 곳이 좋은가?'

그러고 나서 다시 물어보세요. '무엇 때문에 거기에 가지 않는 거지? 내가 그렇게 하지 못할 거라고 생각해서인가? 내가 실패하거나 완전히 바닥으로 떨어질까 봐?' 불안이란 오직 머릿속에서 일어나는 일이지요. 여기서 그것을 하고, 잘해나가고, 성공한 기분을 느낀다면 어디서든 그렇게 할 수 있습니다. 할아버지가 혹은 부모가 이곳에 이주해왔다는 이유로 어떤 지역에 계속 머물지 마세요. 어디에 살지 왜 스스로 선택하지 않나요?

4. 시간을 잴 다른 능력이나 시계가 없다면 몇 시간 정도 잘까요?

8시간? 10시간? 하루에 몇 시간을 자야 한다고 생각하나요?

잠에 대한 한 실험을 소개해드릴게요. 실험 참가자들은 몇 주 동안 지하 벙커에서 지내면서, 시간을 알려주는 그 어떤 도구도 없이 어둡침침한 조명 속에서 불규칙하게 들어오는 식사를 했습니다. 원하는 때 언제든 잠을 잘 수 있었고, 잠을 잔 시간은 기록되었습니다. 하루 중 몇 시인지 알지 못할 때 사람들은 과연 잠을 몇 시간이나 잤을까요? 하루 평균 4.4시간이었습니다.

사실 잠을 자거나 졸릴 때는 우리가 인생에서 할 수 있는 일에 대해서는 별로 생각하지 못합니다. '아침에 어째서 일찍 일어나야 하지? 일어나서 어떤 거지 같은 일을 해야 할까? 그냥 이대로 좀 더 잘 수 없을까?' '아, 10시네. 졸릴 시간이군.' 이런 식으로 생각하죠.

필요하다면 잠을 자지 말라고 제안하는 게 아닙니다. 시계나 달력, 기타 일정에 따라서 삶을 살아가기보다는 자신의 필요에 맞춰 삶을 살도록 시도해보라는 겁니다.

5. 식사 시간 같은 게 없다면 언제 어느 정도의 양을 먹을까요?

때에 맞춰 먹어야 할 것 같다거나 음식이 차려졌다는 이유로 하루 세 끼를 먹나요? 아니면 '지금 배가 고프지 않지만 나중에 고파질 테니, 지금 다 먹어두자'라는 식으로 생각하나요?

당신은 자신이 무엇을 먹고 있는지 꼼꼼히 살펴보는 사람인가요? 이 질문은 외부가 아닌 내부의 신호에 근거해 살아가는 법을 배우기 위함입니다. 해야 할 것 같다고 정해진 스케줄을 따르기 전에, 스스로에게 이런 질문을 해보는 건 필요합니다.

우리 대부분은 음식에 대해 생각나지 않을 때조차도 몸에 너무 많은 음식을 넣어주고 있습니다. 특히 건강하지 않은 음식, 가공식품, 당류를요. 몸무게 문제를 겪고 있다면 접시에 모든 걸 마구 담지 마세요. 그보다 한 입 한 입 씹으면서 스스로에게 물어보세요. '더 먹고 싶니?' '내 몸에 음식이 더 필요할까?' 대답이 '아니요'라면 그만 드세요. 충분히 먹었으니까요.

6. 돈 같은 게 없다면 뭘 할까요?

세상에 돈이 없다면 매일매일 무엇을 할까요? 어떤 활동을 하게 될까요? 이건 흥미로운 질문입니다. 생활비를 벌어야 한다거나, 내게 이득이라거나, 은퇴까지 몇 년만 더 하면 된다거나 같은 이유로 지금의 일을 하고 있진 않은가요?

월급 때문에 좋아하지 않는 일을 하고 있다면 더 하고 싶은 일은 무엇인가요? 다른 어떤 일이 더 좋은가요? 이 질문에 대한 답에 도달한다면 그 일로 생계를 꾸릴 방법을 찾을 수 있습니다. 어떤 일에 흥미가 있는지 알아내세요. 그러면 그것으로 생활비를 벌 수 있을 겁니다. 이 지구상에는 70억 명도 넘는 사람들이 살고 있고, 따라서 당신이 하는 일에 대한 수요도 분명 존재할 겁니다. 그게 무엇이든 말이에요.

전 직업 카운슬링 지침을 싫어합니다. 대부분 그것들이 사람들을 옭아매기 때문이죠. "이걸 공부하세요. 그러고 그걸 따르고, 조사를 하고, 당신이 하고 싶은 일과 하고 싶지 않은 일이 얼마나 되는지 살펴보고, 그러고 나서 직업을 구하고, 50년 동안 그 일을 하세요."라는 식으로 말합니다. "하늘에는 한계가 없다."고 말하지 않죠.

당신은 무엇이든 할 수 있습니다. 하고 싶은 건 뭐든지 할 수 있습니다. 지금 직업이 싫거나 더 이상 그 일을 하고 싶지 않다면 그만둘 수 있습니다. 스포츠캐스터든 예술가든 음악가든 무엇이든 시도해보세요. 돈을 벌 수 있다는 이유로 어떤 일을 하기보다는 자신에게 내적 평화를 주는 일들을 하세요.

7. 지금 내가 몇 살인지 모른다고 한다면 나는 몇 살일까요?

(이건 전설의 야구선수 사첼 페이지가 한 질문입니다.) 당신은 몇 살입니까? 중년인가요? 젊은가요? 이제 자신이 몇 살인지 잊으세요. 노화 과정은 사실 태도와 자기 인생에 관한 믿음의 직접적 결과입니다.

제가 주목한 한 가지 사실은 한계를 모르는 사람들은 심지어 죽을 날까지 선택할 수 있다는 겁니다. 제가 알고 있는 어떤 분은 아흔일곱 살 생일을 맞이하기 바로 전날 이렇게 말했습니다. "나 자신을 위해 더는 살길 바라지 않는다. 난 내일 죽을 것이다." 그러고 나서 그다음 날 자리에 누워 눈을 감은 뒤, 그대로 세상을 떠났죠. 원시 부족 족장들이 이와 유사한 일을 행했다는 이야기들이 있습니다.

우리는 얼마나 살 수 있을지를 선택할 수 있고, 얼마나 충만하게 살지도 선택할 수 있습니다. 조지 버나드 쇼와 윌 듀런트 같은 사람들을 보세요. 이들은 90대까지 잘 살았습니다. 이들처럼 우리도 나이 들어감에 따라 생산적이고 충족감을 느끼며 흥미롭게 살 수 있습니다. 반대로 늙고, 지치고, 불평이나 하면서 살 수도 있겠죠. 당신은 어떤 선택을 할 건가요?

8. 오늘부터 새로 시작한다면 어떤 성격의 사람이 되고 싶은가요?

더 적극적인 사람이 되고 싶은가요? 아니면 나서지 않는 사람이 되고 싶은가요? 더 섬세한 사람이 되고 싶은가요? 좀 덜 예민해지고 싶은가요? 외향적인 사람이 되고 싶은가요? 내향적이거나 내면에 집중하는 사람이 되고 싶은가요? 오늘 그것을 선택한다면 어떤 성격, 어떤 유형의 사람이 되고 싶은가요?

우리는 매일 자신의 성격을 선택하고 있다는 걸 기억하세요. 성격 때문에 어떤 행동을 하는 것이 아니라 그 행동 때문에 그런 성격으로 비춰질 수도 있는 거지요.

9. 어떤 이름표도 없다면 자기 자신을 어떻게 표현할까요?

이 책 앞부분에서 말했던 내용입니다. 그때는 여기에 대해 생각할 시간이 충분하지 않았다면 지금 한번 생각해보세요. 자신의 나이, 직업, 가족 구성원, 종교, 재정적 상황 같은 것들을 고려하지 않고 자신이 진정으로 어떤 사람인지 어떻게 표현할까요?

이름표를 떼고 자신을 표현할 수 있나요? 아니면 그런 한계들 없이는 자신을 표현할 수가 없나요? 당신은 인간으로서 자신에 관한 의미를 정의 내릴 수 있나요?

✣

이 질문들은 이 책에서 제가 이야기한 내용을 정리한 겁니다. 자신이 어떤 사람인지 관계없이 늘 자신의 본능을 신뢰하고, 아이같이 순수하고, 창조적이고, 자신에게 옳은 일들을 하고, 독수리처럼 비상하고, 꿈꾸던 인생을 살아가는 사람이 될 수 있음을 배웠기를 바랍니다.

잠시 볼테르에 대해 이야기할게요. 그는 왕정에 맞섰고 사실상 모든 종류의 인간을 풍자했습니다. 볼테르의 전기를 쓴 작가는 이런 점을 서술했는데, 다음의 문장은 제게 엄청나게 강한 감정을 불러일으켰습니다.

"무엇보다도 그는 믿을 수 없을 만큼 '살아 있었고', 인간으로 존재했으며, 분노보다 권태를 두려워했고, 인생의 파도를 잘 버티는 사람과 굳건하게 이겨 넘기는 사람들에게 영원한 감사를 표했다."

이 문장은 제 마음을 깊이 울렸습니다. 저의 말과 글, 행동이 당신의 인생과 제 인생의 파도를 잘 버티고 굳건하게 이겨 넘기게 해줄 수 있다면 그것이 제 인생의 목적입니다. 전 더 이상 외적인 동기들에 집중하지 않습니다. 제가 하고 있는 일, 제가 믿고 있는 것에 집중하며 사명대로 사는 데 집중합니다. 다른 일들은 모두 '그저 해결해야 할 일'입니다.

우리가 멈춰 서서 그것을 깨닫는다면 모든 게 완벽해집니다. 자신을 가두는 온갖 행동들을 살펴보면서, 가장 큰 문제는 행복의 비밀을 외부에서 찾고 있는 것이라고 생각했습니다. 행복에는 정해진 방법이란 없다는 걸 저는 배웠습니다. 행복, 그 자체가 방법입니다.

일기쓰기	**이 장에서 제기한 질문들에 대한 답을 일기장에 써보세요. 방해받지 않을 시간을 어느 정도 낼 수 있다면 그 일기에 쓴 모든 내용을 정독해보세요. 자신이 쓴 내용에 어떤 감정이 느껴지나요? 생각의 틀을 다시 정립하고 있는 것 같은가요? 그렇지 못하다면 어떻게 하면 그렇게 하는 습관을 들일 수 있을까요?** **마지막으로, 지금까지 우리는 건강하고 충족감을 느끼며 열정적이고 성장하는 한편으로 평정심을 유지하고 애정으로 가득한 인생, 자신이 꿈꾸는 인생을 이야기했는데, 어떻게 하면 그걸 이룰 수 있을지 적어보세요.**

기억하세요.
내가 누구인지는
내가 어떻게 생각하느냐에 달려있습니다.

인생의 태도

Happiness is the way

초판 발행 · 2020년 6월 19일
개정판 발행 · 2024년 1월 8일
개정판 3쇄 발행 · 2024년 6월 14일

지은이 · 웨인 다이어
옮긴이 · 이한이
발행인 · 이종원
발행처 · (주)도서출판 길벗
브랜드 · 더퀘스트
출판사 등록일 · 1990년 12월 24일
주소 · 서울시 마포구 월드컵로 10길 56(서교동)
대표 전화 · 02)332-0931 | **팩스** · 02)323-0586
홈페이지 · www.gilbut.co.kr | **이메일** · gilbut@gilbut.co.kr

기획 및 책임편집 · 유예진 (jasmine@gilbut.co.kr), 송은경, 오수영 | **제작** · 이준호, 손일순, 이진혁
마케팅 · 정경원, 김진영, 김선영, 최명주, 이지현, 류효정 | **유통혁신** · 한준희
영업관리 · 김명자 | **독자지원** · 윤정아

디자인 · 어나더페이퍼 | **교정** · 김순영
CTP 출력 및 인쇄 · 금강인쇄 | **제본** · 금강인쇄

ISBN 979-11-4070-754-6 (03190)
(길벗 도서번호 090253)

정가 17,700원